U0796585

红色文化传承视域下的思想政治教育路径研究

主　编　尹　茵　马静楠
副主编　肖　璐　蒋春华　马静怡

北京交通大学出版社
·北京·

版权所有，侵权必究。

图书在版编目（CIP）数据

红色文化传承视域下的思想政治教育路径研究 / 尹茵，马静楠主编. 北京 : 北京交通大学出版社，2025. 6. -- ISBN 978-7-5121-5570-1

Ⅰ. G641

中国国家版本馆 CIP 数据核字第 20259JB867 号

红色文化传承视域下的思想政治教育路径研究
HONGSE WENHUA CHUANCHENG SHIYUXIA DE SIXIANG ZHENGZHI JIAOYU LUJING YANJIU

责任编辑：刘　蕊
出版发行：北京交通大学出版社　电话：010-51686414　http://www.bjtup.com.cn
地　　址：北京市海淀区高梁桥斜街 44 号　邮编：100044
印 刷 者：北京华宇信诺印刷有限公司
经　　销：全国新华书店
开　　本：170 mm×235 mm　印张：13.5　字数：181 千字
版 印 次：2025 年 6 月第 1 版　2025 年 6 月第 1 次印刷
定　　价：69.00 元

本书如有质量问题，请向北京交通大学出版社质监组反映。
投诉电话：010-51686043，51686008；传真：010-62225406；E-mail：press@bjtu.edu.cn。

前言

在党和国家坚定不移地推进文化强国战略，高度重视文化建设与思想政治教育的宏观格局下，一系列高瞻远瞩的政策文件如璀璨星辰，照亮了前行的道路。2017年印发的《关于实施中华优秀传统文化传承发展工程的意见》，从国家战略层面强调了文化传承发展的重要性，为红色文化在内的优秀文化传承筑牢了政策基石。此后，诸如《新时代爱国主义教育实施纲要》《关于在全社会开展党史、新中国史、改革开放史、社会主义发展史宣传教育的通知》等文件相继颁布，这些文件聚焦爱国主义教育与红色基因传承，对红色文化的保护、传承、弘扬以及思想政治教育的创新实践提出了明确且具体的要求，瞄准全方位、深层次地发挥红色文化的育人功能，以红色文化的深厚底蕴滋养国民心灵，尤其是在青少年心中播撒文化自信与民族自豪感的种子，使其成长为具有坚定理想信念与强烈爱国情怀的时代栋梁。

当我们将目光投向现实实践领域，便会清晰地察觉到，红色文化传承与思想政治教育工作依然面临着诸多严峻挑战与亟待解决的问题。从教育形式来看，当下红色文化教育过度依赖传统的课堂讲授模式，教师在讲台上照本宣科，学生被动接受知识灌输。这种单一、刻板的教学方式，难以契合青少年活泼好动、好奇心强的心理特点，无法充分调动他们的学习积极性与主动性，致使红色文化教育的课堂氛围沉闷，教学效果大打折扣。在社会传播层面，红色文化的影响力未能充分辐射到各个角落。尽管红色文化资源丰富多样，革命纪念馆、红色遗址等遍布全国各地，但部分地区在红色文化宣传推广方面缺乏创新手段与有效策略，导致红色文化在社交媒体、大众传播媒介上的曝光度不足，民众对红色文化的关注度不高，相当一部分民众对红色文化的内涵仅仅停留在表面认知，难以深入理解其背后蕴含的革命精神与时代价值。更为严峻的是，在全球化进程日益加速的今天，西方文化凭借其强大的传播力与影响力，通过互联网、影视作品、流行文化等多种渠道不断渗透。一些西方不良价值观，如极端个人主义、享乐主义等，悄然侵蚀着部分民众尤其是青少年的思想，对我国既有的思想政治教育体系造成冲击，严重威胁到国家意识形态安全，因此，强化红色文化在思想政治教育中的核心引领作用已刻不容缓。

基于上述复杂的时代背景与现实困境，深入探究红色文化与思想政治教育之间的内在联系，具有极其重大的理论与实践意义。红色文化作为中国共产党领导中国人民在新民主主义革命、社会主义建设与改革各个阶段历程中创造的宝贵精神财富，承载着丰富的革命精神与厚重的历史文化内涵。从井冈山精神中坚定不移的革命信念，到长征精神中不怕艰难险阻、不惜付出一切牺牲的英雄气概，再到改革开放时期敢为人先的创新精神，这些红色文化元素构成了开展思想政治教育取之不尽、用之不竭的优质资源宝库。通过深入挖掘红色文化的多元价值，创新思想政治教育的理念、方法与载体，能够使思想政治教育摆脱传统说教的束缚，以更加生动、鲜活、富有感染力的形式呈现给受众，从而显著提升思想政治教育的实效性与针对性，为党和国家培养出一代又一代有理想、有道德、有文化、有纪律，能够担当民族复兴大任的时代新人。

本书在内容架构上，紧紧围绕红色文化的内涵、传承发展路径以及与思想政治教育的紧密关系展开深入剖析。在开篇章节，详细阐释红色文化的科学定义、鲜明特征以及源远流长的历史渊源，通过梳理从新民主主义革命时期到社会主义建设与改革各个阶段红色文化的形成与发展脉络，深刻揭示其在社会发展进程以及思想政治教育体系中不可或缺的重要地位与独特价值。随后的章节中，深入探讨红色文化传承的创新方式，涵盖教育方式的创新，如运用情境教学、体验式教学等新模式，让红色文化教育更加生动有趣；社会力量参与方面，研究企业、社会组织、志愿者等如何在红色文化资源保护、宣传推广等方面发挥积极作用；时代精神融合维度，分析红色文化如何与当下的创新精神、奋斗精神等相结合，实现与时俱进的发展；国际传播板块，则聚焦于如何将中国红色文化推向世界舞台，提升中华文化的国际影响力。在阐述红色文化与思想政治教育关系时，着重剖析红色文化在塑造国民思想政治意识、培育正确价值观以及增强社会凝聚力建设等方面的关键作用。针对不同年龄群体，尤其是青少年这一重点教育对象，从学校教育的课程设置、教学方法改革，到校外实践活动的组织策划，再到家庭与社区在红色文化传承中的协同作用，多维度、全方位地阐述红色文化教育的具体实施路径。在高校这一思想政治教育的前沿阵地，深入研究红色文化在思政课程中的深度融入、在校园文化建设中的引领作用以及在大学生社团活动中的推广策略，同时紧跟时代步伐，聚焦数字时代红色文化呈现出的新形态、新特征，以及如何借助数字技术赋能大学生思想政治教育，分析其中面临的机遇与挑战，并提出切实可行的实践路径。

在研究思路与方法运用上，本书秉持严谨、科学的态度，综合运用多种研究手段。一方面，通过文献研究法，广泛查阅国内外相关学术著作、期刊论文、政策文件等资料，梳理学界在红色文化与思想政治教育领域的研究脉络与前沿动态，汲取前人研究的精华，为本书的研究奠定坚实的理论基础。另一方面，充分运用案例分析法，深入剖析全国各地在红色文化传承与思想政治教育实践中的典型案例，如某革命老区创新红色旅游模式，将红色文化与旅游产业深度融合，实现了文化传承与经济发展的双赢；某高校通过打造红色文化主题社团，组织学生开展红色文化调研、文艺创作等活动，有效提升了学生对红色文化的认知与认同。通过对这些具体案例的深入分析，总结其成功经验与失败教训，提炼出具有普遍推广价值的实践模式与理论启示，力求全面、系统、深入地呈现红色文化与思想政治教育之间的内在联系，为推动红色文化传承与思想政治教育创新发展提供坚实的理论支撑与切实可行的实践参考。

本书为新疆维吾尔自治区普通高等学校人文社会科学重点研究基地–中华民族共同体意识培育研究基地、新疆工程学院铸牢中华民族共同体意识研究与实践培育基地（2021—2025）阶段研究成果，受“中华优秀传统文化融入新疆高校铸牢中华民族共同体意识实践路径研究”(项目编号：XJEDU2024J128）和“新疆红色文化资源在铸牢中华民族共同体意识中的价值挖掘与利用研究”（项目编号：XGYJD2021I01）两个项目资助出版。

本书由尹茵、马静楠担任主编，肖璐、蒋春华、马静怡担任副主编。由于编者自身知识储备与研究能力有限，书中观点与论述难免存在疏漏与不足之处，在此恳请各位专家学者、广大读者批评指正，您的宝贵意见将成为本书不断完善与进步的动力源泉。

编　者

2025 年 3 月

目录

第一章 红色文化的内涵与重要性 …… 1

第一节 红色文化的定义与特征 …… 1
第二节 红色文化的历史渊源 …… 8
第三节 红色文化在社会中的作用 …… 18
第四节 红色文化对思想政治教育的重要性 …… 27

第二章 红色文化传承及其持续发展 …… 34

第一节 红色文化教育的创新方式 …… 34
第二节 社会力量在红色文化传承中的参与 …… 40
第三节 红色文化与时代精神的融合 …… 46
第四节 红色文化的国际传播与影响 …… 52

第三章 红色文化与思想政治教育的关系 …… 61

第一节 红色文化对思想政治意识的塑造 …… 61
第二节 红色文化与价值观教育 …… 67
第三节 红色文化在社会凝聚力建设中的作用 …… 72
第四节 红色文化对青少年思想政治教育的影响 …… 79

第四章　红色文化的社会影响力与思想政治教育 …………………… 87
第一节　红色文化与社会主义核心价值观的结合 ……………… 87
第二节　红色文化对公众思想的积极影响 ……………………… 96
第三节　社会组织在红色文化传播中的作用 ………………… 104
第四节　公共文化设施的红色文化教育功能 ………………… 112
第五章　红色文化与青少年思想政治教育 ………………………… 119
第一节　青少年接受红色文化的心理特点 …………………… 119
第二节　红色文化在学校教育中的实施 ……………………… 125
第三节　校外实践活动中的红色文化教育 …………………… 133
第四节　家庭与社区在红色文化传承中的作用 ……………… 140
第六章　红色文化在高校思想政治教育中的应用 ………………… 148
第一节　高校思想政治课程中的红色文化元素 ……………… 148
第二节　校园文化建设与红色文化 …………………………… 154
第三节　大学生社团活动中的红色文化推广 ………………… 161
第七章　数字时代红色文化赋能大学生思想政治教育 …………… 168
第一节　数字时代红色文化的新形态与特征 ………………… 168
第二节　数字时代红色文化赋能大学生思想政治教育面临的机遇与挑战 ……………………………………… 174
第三节　数字时代红色文化赋能大学生思想政治教育的实践路径………………………………………………… 186
第四节　高校教师在红色文化传播中的作用 ………………… 196
参考文献………………………………………………………………… 202

第一章

红色文化的内涵与重要性

本章通过探讨红色文化的定义与特征，揭示其深厚的历史渊源，并分析其在社会中的重要作用。红色文化作为中国革命历史的产物，具有独特的思想政治价值和文化特质。它不仅传承了革命精神，还在现代社会中继续发挥着引导思想、塑造价值观的重要功能。通过对红色文化与思想政治教育的紧密关系的分析，本章强调了红色文化对思想政治教育发展的深远影响，指出其为加强社会凝聚力和推动教育创新的关键因素。

第一节　红色文化的定义与特征

一、红色文化的核心定义

红色文化是一种深深植根于历史与民族记忆中的文化现象，它承载了革命时期的英雄主义精神和坚定不移的信仰，成为中国社会价值观的重要组成部分。红色文化的核心定义在于它所体现的历史的延续性、革命精神的凝聚性以及民族精神的表现形式，它不仅仅是对过往革命历史的简单记述，更是一种精神财富的传承。它融入了中国共产党带领人民进行艰苦卓绝斗争的历史过程，展现了那段时期的集体意志、理想信念、价值追求以及社会使命，这些都在红色文化中得以延续和发展。

红色文化源自革命战争年代，因而与中国共产党领导下的革命斗争历史有着密不可分的联系。它涵盖了自中国共产党成立以来的各个历史阶段中所形成的精神成果，这些成果包括坚定的革命理想、英雄主义精神、无私奉献的价值观等，这些精神内涵共同构成了红色文化的核心。红色文化通过各种文化载体加以传播，例如经典红色文学作品、电影、革命纪念馆等，它们都体现了中国共产党和广大人民群众在争取民族独立和人民解放斗争中的精神风貌，展示了信仰的力量和团结的价值。

革命精神是红色文化的灵魂，它体现了革命先辈们为了实现民族解放和人民幸福而不畏牺牲的伟大品格。在革命斗争中，革命者们展现了顽强的斗志和不屈的信念，无论面对多么险恶的环境，他们始终坚信自己所追求的目标，正是这种坚定的信仰和为人民服务的精神让红色文化具有独特的魅力。这种革命精神也深刻地影响着现代社会中的人们，激励他们在面对困难与挑战时保持信心和勇气，从而形成了一种跨越时空的精神纽带。

民族精神是红色文化的重要组成部分，红色文化通过弘扬革命斗争中的民族自尊、自信和自强精神，为民族精神注入了新的时代内涵。在红色文化的熏陶下，爱国主义精神得到了广泛弘扬，民族团结意识得到了加强，人民在对革命历史的回顾中认识到，正是革命先辈们的牺牲与努力，才有了今天国家的繁荣富强与社会的安定。在这一过程中，红色文化成为民族精神的重要载体，它唤起了人民对共同历史记忆的认同，强化了中华民族共同体意识，进而为社会的和谐发展奠定了坚实的思想基础。

作为一种文化形态，红色文化具有独特的内涵和形式。它不仅通过对革命历史的记忆与传承来构建，而且通过不断创新和与现代社会需求的结合来适应当代的发展。在革命年代，红色文化以斗争精神和团结意识为核心，支撑了革命的进程；在建设时期，红色文化以艰苦奋斗和开拓创新为基础，推动了社会主义事业的发展；进入新时代，红色文化继续发挥其精神引领作用，成为社会主义核心价值观的重要组成部分，激励着一代代中国人不断前行。

红色文化的核心不仅体现在革命精神和民族精神上，还体现在它所具有的广泛影响力上。通过各种形式的文艺作品、纪念活动以及教育实践，红色文化在全社会得以广泛传播，它影响着一代代中国人的思想观念和价值取向。在当代社会，红色文化不仅仅是历史的记忆，更是现实生活中的精神滋养。它引导着人民追求正义、勇于创新、团结协作，使得红色文化成为激励人们克服困难、实现国家富强的重要精神力量。

红色文化所具有的历史延续性，使得它能够不断将革命的精神财富转化为新时代的精神动力。它在不断的实践中得到丰富与发展，通过与现代社会的结合，红色文化不仅保持了其作为革命历史遗产的独特性，还积极回应了时代的发展需求，融入了新时代的特征与内涵。这种延续性使得红色文化在社会发展的各个阶段都能够发挥重要的指导作用，成为人们理解历史、把握现实、面向未来的重要文化资源。

红色文化的独特内涵还体现在其与社会其他文化形式的交融中。在长期的历史发展过程中，红色文化并非孤立存在，它与中华民族的传统文化、现代文化相互交织、共同发展，成为多元文化体系中的重要一环。通过这种交融，红色文化不断吸收其他文化中的积极因素，使其内涵更加丰富，外延更加广泛，形成了一种既有历史深度又具有现实活力的文化形式。

红色文化的定义不仅仅是对其来源和内涵的概括，它更是一种生活方式和价值追求的体现。在当今社会中，红色文化已经融入到人们的日常生活中，体现在人们对社会责任的担当、对理想的追求、对国家和民族的热爱等方面。它所倡导的集体主义精神、无私奉献精神，以及追求社会公平正义的信念，成为推动社会进步和个人发展的重要动力。这些内涵的持续传递，使得红色文化成为中国人民不可或缺的精神支柱。

二、红色文化的精神内核

红色文化的精神内核蕴含了深刻的革命精神、爱国主义精神和集体主义精神，它们不仅体现于历史的记忆和故事中，还深入影响了社会的方方面面。红色文化中的革命精神代表着人民群众在追求解放和自由过程中的顽强奋斗和不屈不挠。它是源自社会变革中不断积累的勇气和信念，这种精神贯穿了从革命战争到社会主义建设的整个历程，是对自由、公正和社会进步的不懈追求的集中表现。在红色文化的传承中，革命精神并非只停留在历史叙述中，而是对今天的社会实践产生了深远的影响。它激励着人们在遇到困难时能够勇敢面对，在挑战中坚持追求理想，在不断变化的时代里保持坚定的信念和无畏的精神。

爱国主义精神是红色文化中另一个重要的精神核心。这种精神来自对国家、民族和人民的深厚情感，是一种超越个体利益的情感力量。红色文化中的爱国主义精神深刻体现了中华民族在抵抗外来侵略、捍卫国家独立和尊严过程中的团结和牺牲。这种精神通过历史上的英雄人物、革命烈士的事迹以及集体性历史事件得以生动再现，成为激励人们热爱祖国、为民族复兴而努力奋斗的重要精神动力。爱国主义精神不仅体现在战争年代的牺牲与奉献，在和平建设时期，它同样体现在国家现代化建设的各个方面，鼓励人们为社会的繁荣发展贡献力量。爱国主义精神通过红色文化的叙述得以代代相传，成为个人和集体的价值选择和行为准则，它的力量激励着无数人在生活和工作中默默付出，为实现共同的梦想而奋斗。

红色文化中的集体主义精神，是对个人与集体之间关系的深刻理解和实践。这种精神强调个人与集体荣誉的紧密联系，倡导个体为了集体的利益能够作出牺牲，体现了中华民族团结一致、共克时艰的传统美德。集体主义精神在革命和建设年代得到了充分体现，革命队伍中的互助互爱、战士们在战斗中的舍己为人，都是集体主义精神的生动写照。这种精神不仅仅属于革命战争年代，它也深深根植于社会主义建设和现代社会的发展过程中。通过红色文化的传播，集体主义精神激励人们在工作、学习、生活中不断团结协作，重视集体的力量和整体利益。这种精神尤其在重大灾难和困难面前展现出强大的凝聚力和感召力，成为社会民众克服困难的力量源泉。

红色文化的精神内核通过各种表现形式得以传承和发扬，包括文学作品、影视剧、纪念馆、历史文物和口头传承等。革命精神通过生动的故事和历史场景的再现被赋予具体的形象，让人们在接受历史教育的同时，切身感受到革命者们的伟大信仰和不屈意志。爱国主义精神则通过国庆庆典、爱国主义主题的文化活动、烈士纪念活动等形式得到弘扬，激励人们以更积极的态度投身社会建设。集体主义精神则体现在集体活动和志愿服务中，通过集体的力量和个体的贡献实现社会的和谐发展。红色文化不仅在内容上蕴含丰富的精神价值，而且在表现形式上注重让这种精神得以广泛传播和深入人心。

红色文化精神内核的价值在于它不仅是一种历史的遗产，更是推动社会进步的动力源泉。革命精神为人们提供了面对挑战的信心，爱国主义精神激发了对国家和民族的责任感，集体主义精神则强化了社会团结的力量。今天，这些精神内核仍然在各种社会实践中发挥着积极作用，鼓舞人们在变革与发展中不断创新和进取。在教育领域，红色文化的精神内核成为对青少年进行思想道德教育的重要内容，通过课堂教学、主题活动等方式，激励学生树立正确的价值观和社会责任感。在文化创作中，这些精神内核成为激发艺术创作灵感的源泉，通过不同艺术形式的呈现，使红色文化焕发新的生命力。

红色文化的精神内核不仅是对历史的总结，更是对未来的承诺。它以革命精神、爱国主义精神和集体主义精神为基础，激励人们不断探索和实践，追求更公平、正义和美好的社会。红色文化的价值在于其跨越时空的精神力量，它让历史的光辉照亮现实的奋斗之路，也为未来的前行指引方向。通过不断地继承和发扬红色文化的精神内核，社会的发展得以在信仰和精神的支持下不断迈向新的高度，个人与集体在这样的文化传承中获得力量，共同创造更加美好的生活。

三、红色文化的文化特征

红色文化作为一种特殊的文化现象，具有鲜明而深刻的特征，其形式和内容均深刻反映了特定历史背景下的价值取向和社会理想。红色文化的形成伴随着近现代革命运动的发展而逐渐积淀和升华，具有独特的革命性、群众性、继承性和实践性，这些特征构成了红色文化的核心内涵，也是其在新时代继续具有重要影响力的根本原因。

红色文化的革命性体现在其形成过程中对社会旧秩序的挑战以及对新社会的构想。它诞生于国家危亡、民族复兴的紧要关头，深刻反映了人民反抗压迫、追求独立的强烈愿望。在革命性这一特征下，红色文化展现了强烈的斗争精神，倡导以实际行动推动社会变革，主张通过不断的革命实践打破旧有的社会格局，建立一个公平、公正的新社会秩序。正是这种革命性特征，使得红色文化充满了斗争的激情与活力，不仅成为了革命者行动的指南，也为后来的社会发展提供了动力和方向。

红色文化的群众性是其不可忽视的重要特征。这种文化来源于广大的民众，反映了人民的利益和需求。红色文化的传播不仅依赖于知识精英和领导者，更需要广大群众的参与和支持，其内容也往往以普通人的生活、斗争和信念为核心。这种群众性特征决定了红色文化的开放性和包容性，使它能够深入社会的各个角落，成为一股凝聚社会力量的重要精神动力。在革命时期，红色文化通过通俗易懂的形式将革命理念传递给群众，使其成为革命斗争中的一部分。这种文化不仅反映了革命者的信仰和追求，也与群众的日常生活紧密相连，通过文学、戏剧、音乐等多种形式渗透到大众文化之中，极大地增强了其感染力和影响力。

红色文化的继承性体现了它对中华民族文化的继承与发扬。在红色文化的形成与发展过程中，它并非简单地抛弃过去的文化传统，而是在传统文化的基础上进行了创造性转化与创新性发展。红色文化继承了中华民族一贯的爱国主义精神、集体主义观念以及自强不息的民族气节，同时在这些传统中融入了新的时代内涵，使其更具有现代意义。在这种继承性中，红色文化既是对传统文化中精华部分的继承与弘扬，也是对其落后部分的扬弃与改造，从而形成了一种既有深厚历史渊源又符合时代精神的文化形态。正是因为这种对传统的继承和发展，红色文化才得以与时俱进，在不同的历史时期发挥出积极的社会功能。

红色文化的实践性则反映了它在现实社会生活中的具体应用与体现。它不仅是一种理论或思想，更是一种行动指南，强调通过实践来实现理想。无论是在革命战争年代，还是在和平建设时期，红色文化始终强调行动的重要性，通过实践检验真理并指导社会变革。这种实践性特征使得红色文化不仅停留在理论的层面，而是通过具体的社会实践，尤其是在建设和发展过程中，不断为社会注入新的活力。红色文化通过广泛的实践活动，使革命理想与社会实际紧密结合，推动了社会的进步与发展。同时，这种实践性还体现在对广大民众的教育和动员中，通过各种形式的文化活动和宣传，使民众在参与社会实践的过程中受到教育，提升思想觉悟，增强对国家和社会的认同感与责任感。

红色文化在形式上也有其独特的表现，无论是文学作品、艺术形式，还是纪念场所、口号标语等，都展现了其与众不同的风格。这些形式紧密结合当时的历史背景和社会现实，具有极强的象征意义和感染力，使得红色文化能够直击人心，激发人们的情感共鸣。红色文学作品通过塑造英雄人物和讲述动人的革命故事，生动诠释了革命理想和信仰；红色艺术通过音乐、戏剧等形式，激发人们的爱国热情和革命斗志；纪念场所则以其厚重的历史意义，成为人们缅怀革命先烈、铭记历史的重要空间。通过这些丰富多样的表现形式，红色文化不仅具有思想上的深度，还具有情感上的感染力，使其能够在不同的社会群体中广泛传播并产生深远的影响。

在新时代，红色文化依然具有重要的时代价值和现实意义。它所体现的革命性、群众性、继承性和实践性特征，依然能够为当代社会的发展和进步提供精神动力。革命性精神鼓励人们勇于创新、不断突破传统局限，以适应日益变化的社会环境；群众性精神提醒我们在社会发展的过程中始终坚持人民的主体地位，关注人民的需求与愿望；继承性精神要求我们在推进现代化的过程中，不忘历史和传统，尊重文化的多样性与连续性；实践性精神强调行动和实践的重要性，鼓励我们通过具体的实践活动来推动社会进步和实现个人价值。在这种多重特征的作用下，红色文化在今天依然能够为社会的和谐与发展注入积极的能量，成为全社会共同的精神财富。

红色文化的独特特征，使它在中国历史和社会发展的进程中扮演了重要的角色，不仅塑造了特定历史时期的文化形态，也在当代社会继续发挥着影响力。这种文化在不断传承和发展的过程中，深刻影响了中国人的思想观念和行为方式，成为凝聚民族力量、引领社会进步的重要精神支柱。通过对红色文化特征的深入探讨，可以更好地理解它在中国历史和社会中的重要地位，也能够从中汲取精神力量，以更好地面对新时代的各种挑战和机遇。

第二节　红色文化的历史渊源

一、红色文化的革命起源

红色文化的革命起源可以追溯到中国近代以来的革命斗争时期，这一文化的形成伴随着中国人民反抗压迫、追求民族独立与解放的历程。红色文化是革命精神与思想的积淀，源于广大人民在极其艰苦的条件下，为了争取自由、平等和解放，勇敢抗争的实践和精神追求。它以中国共产党领导的革命为核心，经过长期的探索和斗争，逐步形成了一种具有独特价值观和深刻内涵的文化体系。这一体系汇聚了广大劳动人民的智慧与力量，是无数革命先烈和人民群众为了理想信念而艰苦奋斗、不懈追求的结晶。

红色文化的起源与中国共产党领导下的一系列重大历史事件息息相关。党成立之初，中国社会正处于内忧外患之中，民众生活贫困，民族危机严重。为改变这种境况，中国共产党肩负起了带领人民追求民族独立、国家富强的历史重任。1921 年，中国共产党正式成立，带领人民开展了一系列卓有成效的革命活动。这一时期的红色文化初现端倪，它集中反映了党在动荡年代的决心与智慧，以及人民的觉醒和对光明未来的期望。

在红军长征期间，红色文化得到了更加广泛而深入的传播与发展。长征不仅是一场军事行动，也是一场精神上的洗礼，是党和红军顽强拼搏、不屈不挠精神的象征。数万名红军战士不畏艰难险阻，克服各种常人难以想象的困难，跨越万水千山，用自己的行动生动诠释了忠诚、坚韧与奉献。这一过程，造就了独特的长征精神，成为红色文化的重要组成部分。长征不仅仅是地理上的跨越，更是意志与信仰的远征，它向全世界宣告了中国共产党和红军的决心与力量，也为红色文化奠定了精神基石。

抗日战争时期，红色文化在中华民族的伟大斗争中得到了进一步深化和升华。面对外来侵略，中国共产党倡导并实施全面抗战，团结各阶层人民共同抵御侵略者。在敌后抗日根据地的建设中，党领导人民依靠群众，艰苦奋斗，创造了光辉的抗战历史和精神财富。正是在这一过程中，红色文化的内涵愈发丰富，形成了爱国主义、民族团结、不畏强敌、坚持斗争等一系列核心价值观。这些价值观不仅激励了千千万万的战士和人民投入到抗日斗争中，也成为全民族团结一致、共同抗敌的强大精神动力。

解放战争时期，红色文化进一步体现为一种解放全中国的坚定信念。这一阶段，中国共产党带领人民经过艰苦卓绝的斗争，逐步推翻了旧政权的压迫，赢得了全国解放的胜利。革命根据地的创建与发展，形成了以农村包围城市、武装夺取政权的战略，这些探索不仅丰富了党的理论和实践，也为红色文化注入了坚持不懈、敢于胜利的精神力量。革命队伍中的平等、团结、互助精神在这一时期得以淬炼和升华，成为红色文化的重要元素。在新中国成立后，红色文化的革命起源并没有随着战争的结束而被遗忘，相反，它在和平建设时期继续发挥着重要作用。红色文化所蕴含的精神力量，激励着全国人民投身于社会主义建设事业中。它倡导艰苦奋斗、无私奉献的精神，推动了国家经济社会的全面发展。无论是在农业合作化运动中，还是在工业化建设中，红色文化的精神内核都起到了凝聚人心、鼓舞士气的作用，成为建设新中国的精神源泉和动力。

红色文化的革命起源，也与革命根据地的文化建设密不可分。在根据地时期，中国共产党高度重视文化的作用，积极开展群众性的文化宣传活动，组织文艺工作者深入农村、深入群众，用革命歌曲、戏剧、宣传画等形式，传播革命思想、启迪群众觉悟。这些文化活动不仅增强了根据地的凝聚力和向心力，也使红色文化在民众心中生根发芽，形成了独具特色的革命文化传统。

红色文化的革命起源，是中国共产党带领人民在长期的革命斗争中逐步形成的，是人民群众集体智慧和实践的结晶。它不仅是对历史斗争的回顾，也是对革命精神的继承与弘扬。红色文化的核心是中国共产党坚持全心全意为人民服务的宗旨，是人民群众追求美好生活的愿望和决心的反映。正是由于这些深厚的历史积淀，红色文化在今天仍然具有强大的生命力，成为激励新时代人们砥砺前行的重要精神力量。它贯穿于中国革命、建设和改革的各个历史阶段，成为中国人民实现民族复兴的重要精神支柱。红色文化的起源告诉我们，一个民族的力量，不仅在于物质的积累和经济的增长，更在于精神上的坚定和信仰的执着。

二、红色文化的历史演变

红色文化的历史演变是中国共产党革命历程中一段宏伟的精神轨迹，它伴随着国家从革命斗争到建设发展的不同阶段逐步演变、发展和丰富，成为具有深远意义和独特魅力的文化形态。红色文化的形成和发展是与中国近现代的历史进程紧密相连的，它承载着人民在争取民族独立和国家解放过程中的集体记忆，也体现了在国家建设和社会发展中的奋发精神。

红色文化的起源可以追溯到中国共产党成立初期的革命年代。那时的红色文化初显端倪，主要以对封建压迫、民族压迫的抗争精神为内核，反映了人民群众对自由、平等、独立的强烈渴望。随着中国共产党在全国各地建立革命根据地，红色文化逐渐在这些根据地的社会生活中发芽、成长。井冈山时期，红色文化逐步体现为通过马克思主义理论与中国实际相结合，鼓舞革命战士和群众同敌人斗争的革命精神，这一阶段的红色文化展现了对勇敢、无畏、不屈不挠的集体英雄主义的歌颂，尤其是在严酷环境下，革命队伍的乐观主义和团结精神成为这一时期红色文化的重要组成部分。

随着长征的展开，红色文化的发展进入了一个新的阶段。长征不仅是一场军事上的伟大胜利，更是意志和信仰的远征，是红色文化的精髓在漫长跋涉中的体现。在这一阶段，红色文化进一步体现出坚定信念、集体主义和艰苦奋斗的精神，长征精神成为红色文化的重要代表。这种精神的形成与发展，既增强了革命队伍的凝聚力，也成为全国人民的精神动力，为后来的抗战胜利和新中国的建立奠定了坚实的思想基础。抗日战争时期，红色文化在全国范围内进一步传播和壮大。它的核心不仅是民族解放和人民独立的思想，还通过革命文艺、宣传教育等方式走向了群众，成为鼓舞人们抵御侵略、争取胜利的重要文化力量。这一时期，红色文化表现为全民族团结一致的抗战精神，通过文艺、歌曲、戏剧等形式传递到了广泛的社会群体中，激发了全国人民的爱国情怀和革命意志。特别是在敌后根据地，红色文化成为联系群众、动员群众的重要手段，在组织和教育人民方面发挥了重要作用。解放战争时期，红色文化逐渐从单纯的革命斗争内容转向更多的社会动员和思想教育内容，成为人民军队取得胜利的重要精神武器。这一时期的红色文化不仅强调对敌斗争的无畏精神，还开始融入对未来新社会的理想和憧憬，成为全国解放的强大精神动力。通过各种形式的宣传教育，红色文化影响着解放区的人民群众，引导他们树立对新中国的美好愿望，并以实际行动为之奋斗。新中国成立后，红色文化的内涵得到了进一步扩展和丰富，逐步从革命斗争的精神升华为建设新国家的精神。在这一阶段，红色文化不再局限于战争年代的英雄主义和牺牲精神，而是逐渐成为全社会共同追求的理想信念，体现为建设社会主义国家的热情与信心。国家建设初期，红色文化强调自力更生、艰苦奋斗，通过文艺、教育、宣传等方式广泛传播，激励着人们为国家建设献身。社会主义改造和国家经济建设时期，红色文化成为推动社会各项事业进步的重要精神力量，推动了社会风尚的转变，形成了“人人为社会、人人为集体”的良好氛围。

改革开放之后，红色文化继续在新的历史条件下发展演变。尽管社会形态发生了重大变化，但红色文化的核心精神始终保留，并在社会主义现代化建设中不断赋予新的时代内涵。它体现了对社会主义道路的坚持，对国家富强、民族振兴的追求，以及对社会公平、正义的向往。在这一过程中，红色文化与现代文化形式结合，通过文学、影视等多种载体继续发挥影响力，成为凝聚民族精神、激发爱国热情的重要文化因素。

近年来，随着国家的不断发展和全球化进程的推进，红色文化的传承与创新变得更加多样化。它被赋予了更多的时代特色，不仅保留了革命年代的精神精髓，还通过与现代社会发展相结合，形成了更加包容、更加符合时代需求的文化形态。红色文化的教育功能在新的历史条件下得到了全面加强，成为对青少年进行爱国主义教育和思想政治教育的重要工具。特别是在信息化时代，通过数字媒体和互联网，红色文化实现了更为广泛的传播，使得革命精神和爱国情怀在新一代人心中生根发芽。红色文化从早期的革命精神到社会主义建设的时代精神，再到现代化发展中的民族精神，其演变的历程也是中国共产党与人民群众共同奋斗的历史。它在不同的历史时期以不同的形式存在，反映了党和人民在各个阶段的精神追求与社会理想。从井冈山精神到长征精神、抗战精神，再到新时代中国特色社会主义精神，红色文化展现了在中国革命、建设、改革不同阶段的思想结晶，是党领导人民不断前进的重要精神动力。

通过不断发展和创新，红色文化不仅成为历史的见证，也成为激励人们继续奋斗的重要精神力量。无论是过去的革命年代，还是今天的和平建设时期，红色文化都以其独特的精神魅力影响着一代又一代的中国人民，引导着社会的发展方向。它不仅是对历史的尊重和传承，更是对未来的激励和号召，是中国人民实现中华民族伟大复兴的精神支柱。红色文化的历史演变反映了中国共产党与人民群众共同创造历史、开创未来的伟大历程，成为中华民族精神宝库中的重要组成部分，激励着人们在新时代奋发有为，为实现中国梦不懈努力。

三、红色文化的历史载体

红色文化的历史载体多样而丰富，其承载的方式涵盖了历史人物、重大事件以及物质文化遗产等多种形式，通过这些载体的存在，红色文化得以在人们的记忆中留存并不断传承。在人类历史的长河中，文化的发展常常借助某些特定的符号或符号体系来传播，这些符号既有具体的物质形式，也有象征性的意义。红色文化作为一种重要的精神资源，其发展和传承过程中同样依赖于多种载体来进行文化的承载和表达。

首先，红色文化的历史人物是这一文化的重要载体。历史人物通过他们的实际行动与思想，将红色文化的内核加以诠释并传播开来，这些人物中有领导者、革命者、英雄以及众多普通人。他们以坚定的信念、无畏的勇气、无私的奉献精神，将红色文化深深植入社会的根基。他们的故事不仅是历史教科书中的内容，更是在民众的口耳相传中不断发扬光大。许多历史人物的事迹通过纪念馆、展览等形式得到弘扬，使得他们的形象和精神内涵得以持续影响社会的不同群体。这些人物代表了某种精神力量，他们用生命和行动将红色文化的价值观念生动形象地展现在大众面前。

其次，重大历史事件同样是红色文化的重要载体。这些事件在历史上占据重要地位，并被赋予了极高的文化和社会意义。每一次革命运动，每一次抵抗斗争，每一次社会的重大变革，都是红色文化的直接体现和重要载体。这些事件往往通过文学作品、影视剧、纪实报道等形式被广泛传播，并被后人不断缅怀和追忆。通过对这些重大事件的纪念和传播，红色文化的核心价值和精神内涵得以传递给后代，使其在历史的长河中不断焕发新的生命力。无论是通过节庆、纪念日的设立，还是通过大型纪念活动和历史遗迹的保护，重大事件作为红色文化的载体，持续地发挥着重要作用。

物质文化遗产也是红色文化不可或缺的载体形式。诸如革命遗址、纪念碑、博物馆和纪念馆等具体的物质形式，这些载体以可见的物质形态保存了红色文化的历史记忆。每一个革命旧址、每一座纪念碑都蕴含着深刻的历史背景和故事，成为人们了解历史、感悟红色精神的窗口。通过对这些物质遗产的保护和修复，红色文化的传播和传承得到了切实的保障。这些遗址和纪念场所，不仅保存了红色文化的物质载体，也成为现代社会民众接受思想政治教育和爱国主义教育的重要基地。在参观这些革命遗址的过程中，人们能够感受到当时的时代背景和斗争情境，激发起对红色文化的敬仰和对革命先辈的敬重，从而进一步认同和传承这一文化的核心价值。

红色文化的载体形式并不仅限于有形的物质遗产，某些精神性和非物质性的文化表现形式也起到了重要的承载作用。例如，通过艺术表现手法将红色文化以寓教于乐的方式呈现出来，像民间的红歌传唱、戏剧表演、故事讲述等，这些形式使得红色文化在群众中的传播更加深入、更加广泛。红色文化通过音乐、诗歌、戏剧等多种艺术形式得到了更加生动的诠释，这些艺术作品不仅生动地再现了革命历史，还用艺术的感染力打动人们的内心，使得红色精神得以深入人心。这些非物质文化形式的传播作用也进一步丰富了红色文化的表现维度，使其超越了单一的物质层面，达到了精神领域的深层传播。与此同时，现代科技的发展也为红色文化的传播和载体形式注入了新的活力。数字化技术和新媒体手段为红色文化提供了新的传播途径，通过互联网、社交媒体、虚拟现实等技术手段，红色文化的载体形式得到了极大的丰富和拓展。人们可以通过网络参观革命遗址、观看历史人物的虚拟影像展示、参与线上纪念活动等，这些新兴的传播方式不仅打破了时间和空间的限制，也使得红色文化在年轻一代中找到了新的共鸣。这些数字载体使得红色文化能够更好地适应现代社会的信息传播需求，并进一步扩大了其受众范围，使得这种精神财富能够在新时期不断焕发出新的生机。

红色文化的传承不仅需要对其历史载体形式的重视和保护，还需要对其不断创新和丰富，使其在新的历史条件下焕发活力。通过历史人物的精神塑造、重大事件的纪念以及物质文化遗产的保护，红色文化不仅在历史中得以延续，而且在当下和未来社会中依然具有重要的现实意义。红色文化的历史载体承载了中华民族的精神追求和价值观念，是连接历史与现实的重要桥梁。在这些多样化的载体形式的共同作用下，红色文化得以不断传承，成为激励一代代中国人砥砺前行的重要精神力量。

四、红色文化与民族精神的融合

红色文化与民族精神的融合是一个深刻且复杂的历史过程，这一过程体现了中华民族在应对各种挑战时所展现出的集体智慧和顽强意志。红色文化的产生和发展，源自中国人民在追求民族独立与人民解放的伟大斗争中所创造的文化成果，而这种文化与民族精神的结合，使得中华民族精神得到进一步的充实与升华。在漫长的历史进程中，红色文化作为一种独特的精神资源，不断与民族精神交融，逐渐成为中华民族文化血脉中的重要部分。

红色文化来源于中国共产党领导人民在革命斗争中形成的精神与价值观体系，其中包括了艰苦奋斗、不怕牺牲、追求自由与解放的信念。红色文化反映了人民对美好生活的向往，以及对社会公正与国家独立的追求。这种文化在革命战争年代展现出强大的凝聚力和号召力，成为团结人民、激发斗志的精神力量。而这种精神力量，与中华民族数千年来在各种困境中不断发展壮大的民族精神相互交融，共同塑造了中华民族在现代化进程中的不屈不挠与团结一心。

在红色文化与民族精神的融合过程中，红色文化作为一种特定历史时期的精神象征，其内涵同样契合了民族精神的核心要素——爱国主义和集体主义。中国人民自古以来就有着浓厚的爱国情怀，无论是抵御外来侵略，还是在内忧外患中捍卫民族尊严，中华民族始终表现出不屈不挠的精神。这种爱国主义在红色文化中得到了进一步深化，红色文化以革命先烈的英勇事迹和人民的抗争历程，生动地诠释了爱国精神的丰富内涵。通过对红色文化的学习和传承，人们不仅增强了对历史的认知，更强化了对国家和民族的归属感与认同感。

红色文化还体现了中华民族的集体主义精神，这种精神强调个体与集体利益的和谐统一，注重整体利益高于个人利益的价值观念。在革命时期，集体主义精神表现得尤为突出，无数革命者在面对困境和生死抉择时，毅然将个人安危置于次要地位，把民族解放与人民利益作为至高无上的追求。集体主义精神不仅是红色文化的重要特征，也是中华民族精神的重要组成部分，红色文化通过对集体主义的弘扬，使这一民族精神得以进一步深化，激励着一代又一代人为国家富强和人民幸福而努力奋斗。

红色文化与民族精神的融合，既是历史的产物，也是时代的需求。在抗日战争、解放战争等重大历史事件中，红色文化的传播和影响使中华民族精神得到了极大的升华，这种融合不仅在革命战争时期表现得尤为明显，而且在新中国成立后的社会主义建设和改革开放时期同样具有深远的影响。红色文化通过各种形式不断渗透到人民的日常生活中，成为激励广大群众克服困难、团结一致的重要精神力量。通过对红色文化的学习，人民在面对现代化建设中的各种困难时，依然保持着顽强拼搏、不畏艰险的精神风貌，这种精神风貌正是民族精神与红色文化相互融合的体现。

在现代社会，红色文化通过各种媒介继续发扬光大，并与当代的民族精神不断融合。无论是学校教育中的红色文化课程，还是纪念馆和博物馆中的红色文化展览，红色文化以生动的形式让人们感受到民族精神的伟大力量。在这些文化传承的过程中，人们不仅缅怀革命先烈的英勇事迹，还在潜移默化中接受了爱国主义和集体主义的洗礼，使红色文化和民族精神在现代社会中得以延续和升华。

在今天，红色文化与民族精神的融合仍具有重要的现实意义。面对国际形势的复杂变化和国内现代化建设的诸多挑战，红色文化中的坚韧不拔、无私奉献的精神依然是中华民族走向未来的重要力量。红色文化所承载的历史记忆与精神追求，为当代中国人提供了丰富的精神滋养，激励着大家在追求国家富强、社会进步的过程中勇往直前。这种精神力量，不仅是对革命历史的传承，更是对未来奋斗的激励，使得民族精神在新时代的历史进程中焕发出新的活力。

红色文化与民族精神的融合是一个动态而不断发展的过程，二者的相互作用使得中华民族的精神面貌在历史长河中不断丰富和升华。红色文化通过其丰富的内涵和历史价值，深刻地影响了中华民族精神的发展，使得民族精神在面对现代化和全球化挑战时，依然保持了旺盛的生命力和强大的凝聚力。红色文化不仅是对历史的记忆，更是激励未来的重要精神力量，它与民族精神的融合，必将继续推动中华民族走向更加光明的未来。

第三节　红色文化在社会中的作用

一、红色文化的教育功能

红色文化在社会教育中发挥着重要的作用，是推动青少年思想成长、价值观形成的重要资源。在当前的教育体系中，红色文化作为具有深厚历史和精神内涵的教育素材，为引导年轻一代树立正确的世界观、人生观、价值观提供了独特的内容。它承载着历史的记忆，蕴含着宝贵的精神财富，经过岁月的沉淀，已成为激励人们不断进取、实现社会发展的重要精神动力。

红色文化的教育功能在青少年思想引导中具有突出的实践意义。青少年正处在世界观、人生观、价值观形成的重要阶段，他们的思想和心智较为容易受到外界环境的影响。通过学习红色文化，青少年可以更加全面、深刻地了解我国历史上的艰难历程以及无数先辈为追求民族独立和人民解放付出的巨大牺牲与努力。这种历史的回顾不仅能够增强他们对国家和民族的认同感，还能帮助他们树立远大的人生理想，增强责任感与使命感，懂得珍惜今天来之不易的生活，并激发他们为社会进步而奋斗的动力。

在学校教育中，红色文化的融入不仅丰富了教学内容，也提升了思想政治教育的实效性。红色文化资源具有独特的历史和情感力量，在课堂上教师可以通过历史故事、革命英雄事迹、重大历史事件等内容，将这些充满激情和牺牲精神的素材转化为鲜活的教学案例，使学生在具体的情境中感受到先辈们的信仰和精神力量，从而更好地理解爱国主义、集体主义和社会责任的重要性。这种情感的共鸣能够使学生在潜移默化中受到精神的洗礼，激发他们的社会责任感，并逐步内化为个人的信念与行动指南。

红色文化在社会教育中同样具有不可替代的价值。在社区、企事业单位、公共文化场所等，通过开展红色文化教育活动，可以更广泛地影响社会成员，尤其是在公共场合举办的纪念活动、主题展览等，都能使更多人有机会接触到红色文化的内涵与意义。这些形式多样的教育活动不仅增强了群众的参与感和认同感，也在一定程度上提升了全社会的思想道德水平。社会教育中的红色文化资源是思想政治教育的一部分，通过这种形式的传承和弘扬，能够凝聚全社会的共识，促进社会的和谐与发展。

在青少年价值观的塑造过程中，红色文化的教育功能还体现在对个人成长方向的引导上。红色文化中所蕴含的信念、勇气和奉献精神，是对青少年心灵的重要滋养，它鼓励他们在面临困难和挑战时不轻言放弃，以坚强的意志克服困难，实现自我成长和社会价值。尤其是在面对多元化的文化冲击时，红色文化提供了一种坚定的文化自信，使青少年能够从国家的历史和人民的奋斗中汲取力量，坚定理想信念，并在各种复杂的环境中保持正确的方向。此外，红色文化在学校与社会的结合教育中也体现出了良好的融合性。学校教育通过课堂教学和课外实践活动，将红色文化与学生的日常学习生活紧密结合，使学生能够在实践中进一步感知和体验革命精神的伟大。而在社会教育中，各类社会实践活动、志愿服务、红色旅游等活动也为青少年提供了生动的教育场景，使他们在真实的历史场景中感受到先辈们的艰苦卓绝，从而产生深刻的情感共鸣和思想启迪。这种学校教育与社会教育的结合，不仅拓展了红色文化的传播途径，也大大增强了其教育的实效性。

通过红色文化的教育实践，青少年能够学会如何在现实生活中践行红色精神，将国家利益、集体利益置于个人利益之上，增强社会责任感和历史使命感，从而更好地为社会的发展和进步贡献自己的力量。红色文化的教育功能在于培养青少年坚定的信仰，塑造他们的思想品格，并引导他们树立积极向上的人生态度。红色文化作为社会教育的重要组成部分，其历史意义与现实价值在于为人们提供思想的启迪、精神的激励，使青少年在社会主义核心价值观的指引下，成为具备爱国情怀、社会责任感和创新精神的新时代建设者与接班人。

红色文化的教育功能通过学校和社会的联动，丰富了思想政治教育的内容，创新了教育的方式，使得思想教育更加深入人心。它是实现青少年思想政治教育目标的重要途径，也是推动全社会价值观建设的重要力量。红色文化不仅是一种历史的传承，更是一种精神的传递，通过这种文化的熏陶和感染，青少年能够更加深刻地理解国家和民族的奋斗历程，并在这种理解中找到个人的使命和方向。红色文化的教育功能在于引导青少年传承历史精神，坚定理想信念，激发社会责任感，为实现中华民族伟大复兴而不断努力奋斗。

二、红色文化的精神引领作用

红色文化以其丰富的历史积淀和革命精神，深刻影响着社会的价值体系和精神面貌。它承载了中国人民在争取民族独立和国家富强过程中的伟大奋斗精神，是激发社会成员集体意识、责任感和爱国情怀的重要精神力量。红色文化不仅是一种历史的记忆，更是一种精神的象征，激励着人们在新的时代背景下继续追寻梦想，实现自我超越与社会进步。

红色文化的精神引领作用体现在对革命精神的弘扬和对传统美德的传承之中。在漫长的革命斗争岁月中，涌现出了许多英勇无畏的革命者，他们不畏艰险、无私奉献，坚定信仰国家和民族的未来。红色文化通过铭记和弘扬这些革命精神，将勇敢无畏、无私奉献的品质植入社会成员的内心深处。通过对历史人物和英雄事迹的学习，使人们能够感受到那种在国家面临危难之际挺身而出的责任感，从而激发内心的爱国热情和使命担当。正是这种精神的持续影响，使得社会在面对新形势、新挑战时依然能够保持团结、迎难而上，凝聚起实现中华民族伟大复兴的磅礴力量。

在革命和建设的不同历史阶段，红色文化始终以其顽强拼搏、不屈不挠的精神鼓舞着人民。今天，虽然社会的主要矛盾和发展目标发生了变化，但这种精神依然具有重要的现实意义。在经济建设、科技创新和社会发展的各个领域，红色文化的精神引领作用体现在鼓励人们积极进取、不懈奋斗。社会成员通过对革命历史的学习，能够更加理解艰苦奋斗的重要性，在面对困境和挫折时，不轻易退缩，而是迎难而上，不断探索、不断改进，以积极的心态应对生活和工作中的挑战。

除了弘扬革命精神，红色文化还以其内在的价值观念和传统美德，对社会道德风尚的塑造产生了重要影响。在红色文化的引导下，勤俭节约、尊老爱幼、团结互助等传统美德被不断传承和发扬，成为社会道德体系的重要组成部分。这些美德与红色文化中的集体主义精神紧密相连，激励人们关心他人、热爱集体，将个人的发展与国家和社会的进步紧密结合起来。在经济快速发展的今天，虽然物质生活条件有了极大改善，但红色文化仍然提醒人们要保持勤俭节约的品质，珍惜来之不易的生活成果，摒弃奢侈浪费的不良风气。通过宣传和弘扬这些传统美德，红色文化在引导社会风气、塑造社会成员的道德观念方面发挥了重要作用，推动了社会的和谐发展。

在现代社会中，面对多元文化的冲击和复杂的社会环境，红色文化提供了一种集体认同感，使人们能够在共同的历史记忆和民族情感中找到精神依托。这种认同感有助于化解社会中的矛盾和冲突，增进不同群体之间的理解与信任。在国家发展过程中，红色文化不仅是一种历史的沉淀，更是一种共同的精神纽带，维系着社会的团结和稳定。在重大事件和紧急关头，红色文化所传递的团结互助精神激励着无数人挺身而出，共同应对困难，形成了强大的社会合力。正是在这种精神的感召下，社会中的每一个人都能够更加积极地融入集体，主动承担起自身的责任，为社会的进步和国家的发展贡献自己的力量。

青少年是国家的未来，是民族的希望，红色文化通过学校教育、社会宣传等多种方式影响着他们的思想观念和价值取向。在学校教育中，通过对红色故事、红色歌曲和革命传统的学习，青少年能够从中体会到先辈们不屈不挠、勇往直前的革命精神，这种精神成为他们在成长过程中不断超越自我的动力。在家庭和社会中，通过各种形式的红色文化活动，青少年能够更好地理解爱国主义的内涵，树立正确的人生观和价值观，从而在未来的发展中承担起时代赋予的责任与使命。红色文化不仅激发了青少年的爱国情怀，还培养了他们的社会责任感和集体荣誉感，使他们更加珍惜当前的美好生活，坚定为国家和社会作出积极贡献的信念。

红色文化的精神引领作用在当前的社会建设中同样具有重要意义。在实现中华民族伟大复兴的征程上，红色文化激励着人们在面对复杂的国际形势和艰巨的发展任务时，保持坚定的信念和积极的态度。它提醒人们，无论在什么样的历史条件下，都要保持艰苦奋斗、不怕牺牲的精神，勇于迎接各种挑战，并在不断奋斗中实现个人价值与社会价值的统一。在社会主义现代化建设的过程中，红色文化所蕴含的革命精神和传统美德为社会提供了强大的精神动力，成为推动国家发展和社会进步的重要力量。

通过红色文化的精神引领作用，社会成员在物质富足的同时，能够保持内心的充实和精神的富有。红色文化激励着人们始终秉持积极向上的生活态度，以顽强的意志和坚定的信念面对生活中的各种挑战，并在不断奋斗中追求更高的人生目标。这种精神的传递，不仅增强了社会的凝聚力，也为国家的发展和民族的振兴奠定了坚实的基础。红色文化作为中华民族精神的重要组成部分，将在新时代继续发挥其重要的精神引领作用，激励着全体人民为实现中华民族的伟大梦想而不懈奋斗。

三、红色文化的社会凝聚力

红色文化在增强社会凝聚力方面具有独特的作用，这种作用源自其深厚的历史积淀和丰富的文化内涵。红色文化承载着中国革命的光辉历史与宝贵经验，通过这些历史记忆，人们可以在纷繁复杂的社会环境中找到共同的价值观念和情感认同。正是这些共同的历史记忆和文化认同，使得红色文化在增强社会凝聚力和推动社会团结与稳定中扮演了重要的角色。

红色文化首先强调对共同历史的记忆。革命时期的重大事件和英雄人物在集体记忆中占据了重要位置，这些历史不仅是对过去的回顾，更是一种精神的传承。通过对革命历史的再现，人们可以感受到革命先辈们的坚定信仰和无畏精神，从而激发自身的责任感和使命感。这种对历史的共同回忆，不仅能增强个人的归属感，还能使整个社会形成一种深层次的情感联系，使每一个成员在潜意识中都感觉自己是这个集体的一部分，从而增强社会的整体凝聚力。

红色文化中的英雄人物和革命精神起到了引领社会价值导向的作用。无数革命先烈为了民族的独立和人民的幸福，付出了巨大的牺牲，他们的故事成为激励后代的重要力量。在这些英雄事迹的激励下，人们学会了以大局为重，学会了勇敢和奉献，这些品质是增强社会凝聚力的重要元素。当人们在面对困难和挑战时，通过对英雄精神的认同，可以找到共同的奋斗目标，从而凝聚起战胜困难的集体力量。红色文化提供了一种超越个人利益的精神导向，将个体的命运与集体的命运紧密相连，促使人们在复杂的社会环境中保持团结一致。

红色文化还通过其独特的文化符号和艺术形式，增强人们的文化认同感。这些符号和形式包括红色歌曲、红色影视、红色文学等，通过这些文化载体，红色文化被广泛传播并内化为社会成员的集体意识。在重大节日或纪念活动中，这些文化符号的集体呈现可以有效增强社会成员的参与感和认同感。人们通过合唱红歌、观看革命题材的文艺作品，不仅能够缅怀历史，感受革命精神的伟大力量，还能够在情感上形成共鸣，从而进一步增强社会的团结和稳定。这样的文化活动不仅是对历史的回顾，更是对共同价值的认同和再确认，它们能够将个体的情感融入到集体的情感之中，形成一种强大的凝聚力。

红色文化还在青少年教育中发挥着重要作用，对于增强社会凝聚力具有长远的意义。通过红色文化的教育，青少年能够在成长过程中树立正确的价值观和人生观，这对于增强社会的整体向心力具有重要意义。红色文化在教育中的运用，使得年轻一代能够更好地理解革命历史，传承革命精神，进而将这种精神应用到日常生活和学习中。这种教育并不仅仅是知识的传授，而是对青少年心灵的塑造，是通过对历史记忆的共鸣和英雄精神的认同，来激发他们对社会的责任感和集体荣誉感。当每一个社会成员都能够自觉地将自己的行为与社会整体的利益联系起来时，社会的凝聚力和团结程度就会大大增强。

红色文化的公共性特征，使得它能够超越阶层、地域和群体的界限，将不同背景的人们紧密联系在一起。在中国社会的现代化进程中，由于经济和社会结构的变化，不同地区、不同群体之间存在着利益和观念的差异，如何在这种差异中找到共识是社会稳定发展的关键。红色文化通过其包容性和历史意义，将这些差异超越，形成一种更高层次的文化认同。无论是城市还是乡村，无论是老年人还是年轻人，在面对红色文化时，都能感受到其中蕴含的共同记忆和价值观念。这种超越个人和群体利益的文化认同，能够有效地缓解社会中的矛盾，增强社会的整合能力，进而形成更加稳固的社会秩序。

红色文化的传播还通过多样化的媒介形式，进一步扩大了其对社会的影响力。在当代社会，互联网和新媒体的发展使得红色文化的传播变得更加广泛和便捷。通过网络平台，人们可以方便地接触到红色文化的内容，从中汲取精神力量，并与他人分享这些文化体验。这样的传播形式，使得红色文化的影响不仅局限于特定的时间和空间，而是通过网络空间扩展到整个社会，甚至跨越国界，使得红色文化的凝聚作用得以在更广泛的范围内发挥作用。当这种文化成为人们日常生活的一部分时，它所产生的社会凝聚力也就变得更加持久和深远。

四、红色文化与社会价值观的塑造

红色文化作为中国独特的历史与社会财富，其重要性不仅体现在其对民族记忆的维系和社会认同的构建上，更在于其深刻影响着现代社会价值观的塑造。红色文化中所蕴含的精神内涵，涵盖了民族独立、国家解放和社会公平等重大价值理念，这些理念与现代社会所倡导的社会主义核心价值观之间存在天然的内在契合性。因此，红色文化在传播和塑造社会主义核心价值观中发挥了极为重要的作用。

红色文化在社会价值观的塑造中首先体现在对集体主义精神的倡导。红色文化所歌颂的英雄人物和集体行动不仅仅是个体的奋斗史，更是集体力量的象征。在历史进程中，革命先烈们为了国家和民族的解放甘愿抛头颅、洒热血，展现出了崇高的集体主义精神。这种精神通过红色文化的传播，逐渐融入了现代社会的价值观念之中，使人们在面对个人利益与集体利益之间的选择时，能够更加重视集体的整体利益，彰显出集体主义所独有的无私和合作的价值。与此同时，红色文化也在个人与国家关系的价值观塑造中起到了重要的导向作用。在红色文化的传播过程中，国家的命运始终与个人的命运紧密相连，个人的追求被置于国家和民族的宏大叙事之下。通过对历史事件的重温和红色精神的传播，现代社会的成员不断被教育要将自己的命运与国家的发展相联系，增强国家责任感与使命感。这种思想深深影响着当代人的价值取向，使得个人利益与国家利益之间保持着良好的平衡，使社会成员更加自觉地为国家的繁荣和稳定贡献力量。

红色文化还在塑造平等、公正和正义的社会价值观方面产生了深远的影响。红色文化本质上是追求社会公平正义的文化，包含了对压迫和剥削的不懈斗争，倡导消除贫富差距，实现全体人民的共同富裕。在现代社会，这种理念仍然具有重要的现实意义，成为社会主义核心价值观的重要组成部分。通过红色文化的传播，社会成员不断受到平等观念的熏陶，激励着他们在面对社会不公时敢于发声、敢于行动。同时，这也推动了国家制度的不断改进，使社会在法治、公正的道路上迈出稳健的步伐。

红色文化的教育功能也是其对社会价值观塑造的重要途径。学校、社区、博物馆等多种场所通过组织形式多样的红色教育活动，使得不同年龄、不同职业背景的社会成员都能从中受到启发。这种文化教育的潜移默化，使得社会主义核心价值观能够得到广泛而深入的传播与认同。特别是在年轻一代的价值观塑造中，红色文化扮演了至关重要的角色。它不仅通过历史故事和革命精神来激发他们的爱国情怀，还通过对国家发展历程的解读，使年轻人更加理解今天的和平与发展的来之不易，从而更加珍惜当下、坚定对社会主义道路的信念。

在构建和谐社会的过程中，红色文化对社会价值观的塑造还体现在促进社会凝聚力和团结方面。红色文化的核心理念是团结一致、共同奋斗，这种精神被广泛传递到现代社会的各个层面，成为维护社会和谐稳定的重要精神支撑。通过红色文化的熏陶，社会成员在面对挑战和困难时，能够更加主动地团结起来，形成集体的力量，共同应对各种困难与危机。这种精神上的凝聚，不仅提升了社会成员的集体归属感，也强化了整个社会的内在稳定性。

红色文化还塑造了人们勇于创新、不断进取的价值观。在中国革命与建设的历史进程中，红色文化所展现的艰苦奋斗、百折不挠的精神激励着一代代人不断迎难而上。这种精神在现代社会中被进一步赋予新的内涵，成为推动科技进步、社会创新的重要精神动力。通过红色文化的传承与发扬，社会成员形成了积极进取、不畏艰难的态度，这不仅推动了个体的全面发展，也促进了社会整体的不断进步。

红色文化通过多种途径对社会价值观产生了深远的影响，从集体主义精神的倡导、个人与国家关系的正确认识，到平等、公正的社会理念，再到凝聚社会团结、激发创新进取等方面，红色文化在现代社会中以其独特的方式持续地塑造着人们的价值观念，推动着社会主义核心价值观的深入人心。红色文化的传承与发扬不仅是对历史的纪念，更是对未来的激励，它通过激发社会成员的爱国情怀、责任感和进取精神，为实现社会主义现代化和中华民族伟大复兴提供了强大的精神动力。在当今社会，红色文化依旧是引导社会价值观的重要力量，通过不断创新的传播方式和教育手段，红色文化的精神将会在更多人的心中生根发芽，成为社会前进的重要支撑。

第四节 红色文化对思想政治教育的重要性

一、红色文化在思想政治教育中的基础地位

红色文化作为思想政治教育的重要内容，根植于中国革命、建设和改革的历史，是中国共产党领导人民群众在艰难岁月中锻造而成的精神财富。这些宝贵的精神财富不仅记载了中国革命的峥嵘岁月，更体现了民族不屈不挠的奋斗精神、团结合作的优良传统和追求真理的坚定信念。在思想政治教育中，红色文化通过弘扬伟大的革命精神、理想信念以及道德情操，对教育对象的思想道德培养起到了不可替代的基础性作用。

红色文化是思想政治教育的灵魂，承载着中国共产党的初心和使命。它激励着一代又一代人为了实现中华民族伟大复兴而奋斗。通过对红色

文化的学习，学生能够深刻认识到革命先辈为民族独立和国家解放付出的巨大牺牲，以及他们为了追求社会公平正义所展现的无畏精神。这种情感的熏陶，使学生在价值观的选择和形成上，自觉地与革命先辈看齐，继承和发扬中华民族的优良传统，树立正确的世界观、人生观和价值观，培养爱国情怀和社会责任感。在思想政治教育过程中，通过红色故事、红色歌曲和革命遗址等方式，红色文化以生动直观的形式传递给学生，形成潜移默化的教育效果，激发他们的情感共鸣，进而内化为自身的思想品质。

红色文化在思想政治教育中扮演着奠基石的角色，为学生的思想品德建设提供了坚实的精神基础。通过学习红色文化，学生能够理解崇高理想与艰苦奋斗之间的关系，理解为什么中国共产党人始终坚持全心全意为人民服务的宗旨。这种理解不仅停留在认知层面，更通过学习和感悟革命精神，让学生在情感上产生共鸣，从而促使他们形成坚定的理想信念。通过不断学习和感悟，学生能够在面对生活中的困难和挑战时，具备勇于克服困难、迎接挑战的信心与勇气，培养坚强的意志品质。

在社会成员的思想品德形成方面，红色文化也是一种重要的力量。红色文化通过塑造社会主流价值观，形成一种积极向上的社会氛围，激励人们以革命先辈为榜样，忠于国家、忠于人民，具有强烈的社会责任感和历史使命感。无论是在社会发展进程中，还是在个人成长的道路上，红色文化所蕴含的爱国主义精神和集体主义价值观都深刻地影响着社会成员的行为规范，成为社会和谐与进步的重要动力。在红色文化的感召下，越来越多的社会成员愿意为国家富强、社会进步贡献自己的力量，从而推动社会的良性发展。

红色文化的基础地位还体现在它对思想政治教育内容的整合与创新中。红色文化为思想政治教育提供了丰富的历史素材和生动的案例，使思想政治教育的内容更具吸引力和时代感。通过红色文化的教育，学生可以认识到中国革命与建设事业的伟大成就，增强对中国特色社会主义道路的认同感与自豪感，从而形成正确的国家认同与文化认同。红色文化的传播不局限于课堂教育，而是通过社会实践、参观学习等多种形式，扩展了思想政治教育的渠道和空间，增强了教育的实效性和感染力。

在今天的思想政治教育中，传承红色文化是对革命精神的继承与发展，是对民族历史的尊重与弘扬。红色文化所蕴含的精神力量与价值观念，对引导学生树立正确的道德观和理想信念起着重要作用，使其成为对社会有用的人才。红色文化通过对学生思想和行为的正向引导，帮助他们在复杂的社会环境中坚持正确的方向，具备面对各种诱惑与挑战时的道德判断力和责任担当意识。这种教育不仅为学生个人的成长提供了精神滋养，也为社会的整体进步注入了强大的正能量。

红色文化是思想政治教育的重要内容，承担着铸魂育人的重要使命。它为思想政治教育奠定了深厚的精神根基，发挥着润物无声的作用，使受教育者在潜移默化中受到革命精神的熏陶，增强对国家和民族的热爱，培养出具有社会责任感和历史使命感的合格建设者和接班人。因此，在思想政治教育的过程中，必须始终坚持红色文化的基础地位，使之成为引导学生成长成才的重要精神动力。

二、红色文化的思想政治教育资源价值

红色文化作为中国革命历史的重要组成部分，蕴含了丰富的思想政治教育资源，对当代教育具有重要的价值。红色文化代表着中国共产党领导人民进行的伟大斗争，凝结着民族独立、国家富强、人民幸福的理想与追求。将这些历史精神融入思想政治教育中，能够有效激发学生的爱国情怀，强化对国家和社会的责任感，从而培养新一代具有坚定理想信念和崇高价值追求的社会主义建设者。

在思想政治教育中，红色文化具有极高的资源价值，其内涵不仅涵盖了民族精神，还包含了革命奋斗精神和集体主义精神，这些都为青少年的价值观塑造提供了丰厚的教育资源。通过传承和发扬红色文化，可

以使学生更加深入地理解中华民族在历史风雨中如何实现民族独立和解放的伟大历程，体会到革命先辈的艰辛付出与无畏牺牲。这些革命故事能够激励学生树立爱国主义精神，将个人理想融入国家发展和民族复兴的伟大事业中，从而增强历史使命感和社会责任感。

红色文化的传承可以通过多种形式进行，课堂教学是最基本的途径之一。通过学习革命历史和红色经典作品，学生可以更加系统地掌握革命先辈的奋斗历程，理解红色精神的内涵，并在此过程中形成正确的历史观、民族观、国家观和文化观。教师在授课过程中，可以利用红色经典作为生动的教材，使学生在理解历史事件和人物时，产生情感上的共鸣，激发他们的家国情怀。此外，组织学生参观红色遗址、纪念馆等实践活动，也是红色文化教育的重要环节。这些活动不仅能使学生置身于真实的历史场景中，切身体会革命先辈的奋斗历程，还能激发他们的历史责任感和时代使命感。

红色文化还可以通过网络资源和新媒体技术实现更加广泛和深入的传播。通过制作微课、纪录片、动漫等多样化的教育产品，能够有效地将红色文化的教育内容融入学生的日常生活中，使其潜移默化地受到熏陶和感染。网络平台的优势在于可以打破时间和空间的限制，使更多的学生能够方便地接触到红色文化资源。这些生动的传播方式，可以激发学生的学习兴趣，帮助他们更好地理解革命精神的深刻意义。

红色文化在思想政治教育中的重要作用，还表现在对理想信念教育的强化上。红色文化承载了中国共产党百年来不断追求国家独立、人民幸福的奋斗目标，其核心精神体现了“为人民服务”的宗旨。这些信念和精神，能够有效引导学生树立正确的人生观、价值观和世界观，使他们懂得个人理想与国家命运之间的密切联系。在面对各种社会挑战和个人困惑时，红色文化的教育能够为学生提供精神力量，使他们更加坚定理想信念，勇于担当历史责任，不畏困难与挑战。

红色文化的价值还体现在对社会责任感的培养上。革命先辈为了民族独立和人民解放，不惜付出巨大的牺牲，这种崇高的奉献精神，是思想政治教育中的重要资源。通过学习这些精神，学生可以更加深刻地认识到，个人的幸福和社会的和谐密不可分，只有通过共同奋斗，才能实现国家的富强和人民的幸福。因此，红色文化教育能够激励学生积极参与社会实践，关心国家发展和社会进步，并在行动中践行社会主义核心价值观。

红色文化作为思想政治教育的重要资源，其价值在于能够激发学生的爱国主义情怀，坚定他们的理想信念，强化社会责任感。通过对红色文化的深入学习和体验，学生可以从中汲取精神力量，将个人理想与国家和民族的前途命运紧密结合，为实现中华民族伟大复兴而不懈奋斗。红色文化的教育不仅仅是对历史的缅怀，更是对未来的激励，是思想政治教育不可或缺的重要组成部分。

三、红色文化对思想政治教育目标的助推作用

红色文化作为我国革命历史的宝贵精神财富，其独特的思想内涵和深刻的情感价值对于思想政治教育目标的实现具有重要推动作用。在当代教育中，红色文化蕴含的精神资源为培养社会主义核心价值观和增强学生社会责任感提供了丰厚的滋养和启示。红色文化通过生动的革命故事、伟大的历史事件和英勇的人物形象，将中国共产党和革命先辈们为民族独立和国家富强奋斗不息的精神与人民之间的血肉联系具体而直观地展现出来，传递给学生们一种充满理想与信仰的力量，使他们能够更深刻地理解国家和社会的意义。

红色文化在思想政治教育中的运用，能够唤起学生们对国家历史的认同感和对革命先烈的崇敬之情，这种情感上的共鸣为培养社会主义核心价值观奠定了情感基础。通过学习革命历史和英雄事迹，学生们不仅可以感受到革命年代的艰辛和奋勇，还能进一步理解团结、奋斗、奉献等社会主义核心价值观的现实意义。红色文化中的爱国主义精神、集体

主义意识和社会主义信念在学生的思想政治教育中，起到不可替代的引领作用。正是这种精神的内化，使学生们逐步形成了强烈的国家荣誉感和社会责任感，愿意主动参与到社会主义建设中去，成为新时代积极向上的建设者和奉献者。

红色文化中包含着大量的生动故事和感人事迹，这些事迹不只是历史的回顾，更是思想政治教育中生动有效的教材，能够使学生们更容易理解和接受思想政治教育的内容。在讲述英雄事迹的过程中，学生们不仅了解了革命的历史进程，也对红色文化的价值和意义有了更为深刻的体会。革命先辈的勇敢无畏、坚定不屈的精神感染着每一个人，学生们在潜移默化中受到鼓舞，意识到个人的命运与国家、民族的命运息息相关，从而在思想上与社会主义核心价值观产生共鸣，并自觉用这些价值观来规范自己的行为。红色文化中的集体意识、合作精神、无私奉献的品质，能够有效地引导学生树立正确的人生观、价值观和世界观，使他们在面对困难和挑战时，能够保持积极向上的态度，勇于承担社会责任。

红色文化所传递的信仰力量对于增强学生的社会责任感也有重要的推动作用。在革命岁月中，无数仁人志士为了国家的独立和民族的解放不惜牺牲个人利益甚至生命，这种深厚的爱国情怀和舍己为人的精神深深震撼着每一个学习者。通过红色文化的教育，学生们能够在潜移默化中受到精神的洗礼，深刻体会到自己肩负的责任和使命。他们认识到，作为新时代的接班人，既要树立远大的理想，也要有勇于为社会和人民贡献力量的实际行动。红色文化使他们更加明确了自己的责任所在，并在学习和生活中努力践行这种责任感，力求在实现个人成长的同时，为国家和社会的发展贡献自己的力量。

红色文化在思想政治教育中的应用，还体现在将其精神内核与学生日常学习和生活紧密结合，形成教育的实际效果。学校通过组织各种形式的活动，如参观革命纪念馆、观看红色电影、参与主题班会等，使学生们在真实的历史情境中感受到红色文化的熏陶。学生们在这些活动中，能够深入了解红色文化的内涵，并从中汲取精神力量。在这些具体而直观的活动中，红色文化的教育目标得以实现，学生们不仅从知识层面上了解了历史，更在情感上得到了升华，内心深处也逐渐树立起为国家和社会奉献的坚定信念。

红色文化的助推作用还体现在帮助学生们正确认识社会的发展方向和个人的成长目标。通过对革命历史的学习，学生们了解到国家从苦难中崛起、人民从压迫中获得解放的过程，明白了今天的幸福生活来之不易，从而激发出珍惜当下、努力奋斗的动力。他们更加明确了只有坚定不移地坚持社会主义道路，才能实现国家的繁荣富强和个人的美好生活。红色文化使学生们认识到自身命运与国家命运紧密相连，从而自觉将个人理想融入到祖国建设和社会发展的伟大事业中。

红色文化以其特有的感召力和教育意义，成为思想政治教育目标实现的强大助推力。它帮助学生们从思想上、情感上、行动上更深刻地理解社会主义核心价值观，增强了他们的社会责任感和历史使命感，使他们成为具有坚定信仰、责任意识和实践能力的新时代青年。红色文化通过历史的记忆和精神的传承，引导学生们在新时代的征程中勇敢前行，继续为国家的繁荣、民族的复兴不懈奋斗。

第二章

红色文化传承及其持续发展

本章探讨了红色文化传承的持续性发展路径，强调了创新教育方式和社会力量的广泛参与对红色文化传承的重要性。红色文化与时代精神的深度融合，使其在当代社会中保持了强大的生命力。随着全球化的进程，红色文化的国际传播与影响也日益增强，成为中国文化走向世界的重要载体，推动了中国与世界各国的文化交流与思想互动。

第一节　红色文化教育的创新方式

一、教育内容的拓展与更新

红色文化教育的核心在于传承历史记忆和弘扬革命精神，它不仅关乎过去的辉煌，更应注重与当代社会发展紧密结合，从而实现价值的有效传递和时代精神的不断升华。要使红色文化教育在当今时代继续发挥重要作用，必须进行教育内容的拓展与更新。这种更新不仅仅局限于丰富教育资源的数量，更应注重其内在的质量提升，以增强教育的针对性和感染力。

在拓展和更新教育内容时，首先要强调的是对历史的深入挖掘与重构。历史不仅是一系列事件的简单叙述，更是一种多维度、多层次的动态过程。通过对革命历史的重新梳理，可以发现其中蕴含的丰富思想和精神内核。革命英雄们的坚定信仰、无私奉献和不屈不挠的奋斗精神，都是红色文化的宝贵遗产。然而，这些内容不能仅仅停留在书本和课堂上，而应通过更生动、更具象的形式展现出来，使学生不仅能够在知识层面理解革命历史，更能在情感层面产生共鸣。

与历史的结合之外，当代社会的发展和变迁同样应成为红色文化教育的重要组成部分。新时代的社会结构、经济发展、文化交流等各个方面的变化，使得红色文化教育必须与时俱进，以适应现代青少年的认知习惯和兴趣特点。通过分析和解读当代社会中的重大事件和挑战，可以进一步体现红色文化的现实意义。革命精神不仅是过去的遗产，更是当今社会发展的精神动力。将这些思想融入到当前的教育框架中，有助于增强学生对现实社会的理解，并引导他们形成正确的价值观和人生观。

拓展红色文化教育内容的另一个关键点在于跨学科的融合与创新。传统的红色文化教育多集中于历史、政治和思想品德等学科领域，但随着教育模式的不断革新，红色文化的精神与内涵完全可以融入更多的学科之中。比如，将红色文化的价值观念渗透到文学、艺术、科技等学科中，可以激发学生的创造力和批判性思维。通过跨学科的内容融合，不仅可以丰富红色文化教育的表达形式，也能够让学生从不同角度体会其深刻的思想内涵。

此外，红色文化教育的内容更新还应注重技术手段的应用。在数字化、信息化迅速发展的当今社会，教育方式和手段的革新已成为趋势。利用现代科技手段，如虚拟现实、增强现实等新兴技术，可以让学生更直观地体验革命历史场景，使教育过程更加沉浸和生动。通过技术的介入，红色文化教育可以打破时间和空间的限制，扩展教育的广度与深度。同时，数字化资源的开发也为红色文化教育提供了更多的可能性，使教育内容更加生动、多样化。另外，红色文化教育的拓展还应关注教育对象的多样性和差异性。在教育内容的设计与更新过程中，必须考虑不同年龄段、不同文化背景的学生需求，从而实现内容的针对性和有效性。对于青少年而言，红色文化教育应更多地关注其成长过程中的心理需求，注重培养他们的责任感和使命感。而对于成人教育或社会教育，则应强调红色文化在社会发展中的实际意义，帮助他们在工作和生活中更好地践行这些价值观念。

红色文化教育内容的拓展与更新必须强调其普遍性与包容性。红色文化作为中国独特的历史文化现象，不仅有助于增强民族认同感，也可以在全球化背景下发挥更加广泛的影响力。在教育内容的更新过程中，要注重对红色文化的国际化阐释与推广，将其与世界各国的优秀文化资源进行对话与交流。这种多元化的文化交流不仅有助于提升红色文化的国际影响力，也为全球范围内的思想交流与共识形成提供了新的契机。

红色文化教育内容的拓展与更新不仅是教育方式的改进，更是对革命精神在新时代背景下的再诠释。通过丰富教育资源、结合历史与当代、跨学科融合、技术手段运用、教育对象差异性关注等多方面的探索，红色文化教育可以更好地适应现代教育需求，助力学生在新时代背景下成长为有责任感、有担当的社会成员。

二、教育方法的多样化

教育方法的多样化是提升红色文化传播效果的重要手段。随着现代社会信息化进程的加快，传统的教学模式在面对快速变化的受众需求时显得越来越单一。因此，探索并应用多种教育方法，尤其是数字化、互动式和体验式等创新手段，能够有效增强红色文化的吸引力与影响力。

数字化教育已经成为当前教育模式的重要组成部分，借助技术手段将红色文化的历史、思想与精神通过现代化平台进行传播，能够让广泛的受众以更为便捷的方式接触这些内容。数字化手段可以通过视觉、听觉等多感官渠道让受众更全面地感知红色文化的内涵与历史发展，将原本可能显得遥远或抽象的内容具象化、形象化。教育者可以通过在线资源、虚拟现实技术等将红色文化场景生动再现，这种立体的教学体验不仅能够加深学习者的记忆，更能够激发他们的兴趣，进而形成更为深刻的情感联结。

互动式教学方式的引入则能够改变传统灌输式教育的单向模式，使教育过程更加灵活多变。在这样的教育环境中，学习者不仅仅是被动地接受信息，而是通过师生互动、同学间的交流、讨论等方式，积极参与到知识的探讨与共建过程中。通过开放的对话与多维度的讨论，学习者可以结合自身的认知与体验对红色文化的内容产生更为个性化的理解，并在交互中逐步深化对红色文化价值观的认同。互动式教学方法打破了课堂内外的界限，学习者能够将课堂所学的内容运用到实际生活场景中，通过互动深化所学知识。

体验式学习则是通过真实的实践与参与，使学习者能够以一种更为直接的方式感知红色文化的精神与价值。在这种教学模式中，学习者不仅通过语言和文字获取知识，还能够通过模拟情境、角色扮演等方式，深入体会当时的社会背景与历史脉络。这种体验的沉浸式学习能够让学习者更好地感受到红色文化的核心精神，使其从情感层面产生共鸣。这种教学方法的优势在于它能够将学习过程与实际的感知体验紧密结合，在提升知识传递效率的同时，极大地增强了学习者的参与感与归属感。

多样化的教育方法不仅是适应新时代教学要求的必要手段，也为红色文化的传播开辟了更多可能性。这些方法能够根据不同受众的特点与需求，提供多样化、个性化的学习途径。无论是数字化的科技支持，还是互动式的师生交流，抑或是体验式的沉浸参与，这些创新方法共同形成了一个更为灵活的教育体系，增强了红色文化的传播效果，使红色文化能够在多样化的教育手段中焕发新的生命力。

教育方法的多样化不仅体现了现代教育理念的革新，也反映了社会对于文化传承与教育内容的更高要求。在当下多元文化背景下，红色文化的传播不能仅限于某一种单一的方式，而是需要通过多样的途径与现代技术手段进行融合与创新。通过多种方式调动学习者的兴趣与参与热情，让他们能够在轻松愉快的环境中主动参与红色文化的学习与传承，实现更为深刻的文化认同与价值观构建。

在多样化教育方法的推动下，红色文化的影响力能够在更广泛的范围内得以传播与深化，特别是对于年轻一代的受众而言，这种灵活创新的教学方式能够更好地适应他们的认知方式与学习习惯。通过不断创新与实践，这些多样化的教育手段将持续提升红色文化的教育效果，并为其在未来的传播与弘扬奠定更加坚实的基础。

三、教育渠道的多元化发展

教育渠道的多元化发展在红色文化的传播中起到了至关重要的作用。随着社会形态和技术手段的不断演变，教育模式已经从单一的传统课堂教学扩展到了多样化的形式，这为红色文化的传播提供了更为广阔的空间和多维度的接触面。学校教育作为红色文化传承的重要阵地，通过课程设计、课堂教学和校园文化活动的开展，形成了系统化、持续化的文化传播机制。无论是在基础教育还是高等教育的过程中，红色文化的核心思想在学生思想政治教育中占据重要位置，帮助年轻一代深刻理解国家的历史进程与文化传统，塑造他们的价值观念和社会责任感。与此同时，社会教育成为学校教育的有力补充。各种社会组织、文化机构、纪念馆、博物馆等都通过线下活动、展览、讲座等方式，丰富了红色文化的传播形式。这种多元化的社会教育不仅覆盖了更多受众，扩展了文化传播的范围，还增强了人们对红色文化的深层次理解。社会教育具有灵活性和实践性的特点，可以让参与者通过亲身体验，更加深刻地体会到红色文化的精神内涵，进而产生内心的共鸣。这种感受往往能够超越课堂上的知识灌输，形成更为持久的文化记忆和认同感。

线上教育作为新兴的教育模式，以其便利性和广泛的覆盖范围为红色文化的传播提供了新的机遇。网络平台的普及让知识的传播不再局限于某一特定场所和时间，通过视频课程、线上讨论、互动问答等多种形式，红色文化得以打破地域限制，进入每个角落。线上教育的特点在于能够快速、大规模地传播信息，同时，借助数字技术的发展，互动性增强，受众的参与感也得到了提升。这种参与不仅体现在接受知识，还体现在用户可以通过分享、评论、再传播等方式，将红色文化传播到更广的范围，形成强大的社会舆论场。线上平台也成为了增强文化渗透力的重要渠道，借助这些平台，红色文化不仅能够影响到受众的知识体系，还能够激发其情感共鸣，塑造其社会责任感。

三种教育渠道的共同作用，使得红色文化的传播不再局限于某一单一的层面，而是通过立体、多维度的传播方式，形成了综合的文化渗透网络。无论是通过系统的课程教学、社会实践的体验式学习，还是通过线上教育的互动参与，受众都能够在不同情境下接触到红色文化的核心思想，进而加深对其的认同和理解。这种多元化的教育模式，不仅扩大了红色文化的受众面，也提高了文化传播的效果和影响力。

在多渠道教育的推动下，红色文化的传播渗透力得到了极大的增强。不同的教育平台各有其独特的优势和作用，共同构成了完整的文化传播生态。通过学校教育的系统性，社会教育的实践性和线上教育的广泛性，红色文化的内涵在不同受众中得到了深入传播和推广。这种多元化的发展模式，使得红色文化不再局限于某一代人或某一特定场景，而是逐渐成为社会各个层面文化生活中的有机组成部分，深深植根于人们的思想和行为中。

教育渠道的多元化发展，进一步说明了文化传播的复杂性和多样性。在这个过程中，不同平台不仅是文化的承载者，更是文化创造和再生的媒介。通过不同的教育方式和平台，红色文化在当代社会中的地位得到了不断巩固，影响范围也得到了进一步扩大。这种影响力不仅体现在文化认同的层面，也体现在社会价值观念的形成与实践中，最终推动整个社会在传承红色文化精神的基础上，朝着更加积极、和谐的方向发展。

第二节 社会力量在红色文化传承中的参与

一、公众参与的激励机制

公众参与的激励机制在红色文化的传承与弘扬中起着至关重要的作用。激励机制的核心在于如何通过有效的政策引导、社会奖励等手段，让公众自发地投入到红色文化的参与和保护中。这种机制并不仅仅依靠单纯的经济激励或物质奖励，而是涉及深层次的社会动员和文化认同，通过综合运用多种途径调动公众对红色文化的关注，使之成为社会整体文化传承的一部分。

政策引导是激励公众参与红色文化的重要途径之一。政府在文化政策制定中，通过设计符合民众利益的激励政策，引导社会各界对红色文化的兴趣与参与。政策的引导不仅体现于法规和法律层面，还需要通过具体的文化项目、活动以及公众服务来传递这种文化信号。这种机制使得红色文化的价值观能够深植于日常生活中，从而引发社会更广泛的讨论与响应。政策引导在不同的社会群体中发挥着不同的作用，从社区到学校再到企事业单位，政策的覆盖面越广，公众参与的热情就越能被有效激发。

社会奖励机制同样是推动公众积极参与红色文化保护和传承的重要手段。通过设立各种形式的奖励，如社会荣誉、精神鼓励或某些非物质形式的回报，可以在公众中形成一种参与红色文化的荣誉感。这种奖励机制不仅仅是针对个人，还可以扩展到团体和社会组织，进而形成一个协同参与、共同进步的社会氛围。社会奖励机制的关键在于让人们在参与红色文化的过程中感受到自身价值的实现，并由此带动更大范围的参与动机。这种自我实现的过程不仅提高了公众的文化认同感，也使得红色文化的影响力在社会中不断扩大。

文化传承的意识不仅依靠政策和奖励机制来引导和激励，还需要通过社会各界的共同努力形成广泛的文化认同感。公众对红色文化的参与如果仅停留在表面层次，无法持续带来深远影响。因此，必须通过多层次的宣传和教育手段，将红色文化的价值与当代社会的发展需求相结合，进而让公众理解红色文化不仅是历史的遗产，也是当前社会精神文明建设的重要组成部分。这种认同感的形成，有赖于在文化传播和教育过程中，将红色文化的核心理念逐渐融入现代社会的主流价值观中，使其不仅成为过去的记忆，更成为现代社会持续发展的文化资源。

在激励公众参与的过程中，还需要加强对社会动员的重视，结合多样化的现代传播手段，推动红色文化的宣传与推广。这种社会动员并非单向度的，而是一个多方参与的过程。在信息技术高速发展的今天，社交媒体、数字平台等传播工具为红色文化的推广提供了新的途径。利用这些工具，红色文化的宣传得以突破地域限制，走向更为广泛的社会群体。同时，社会组织、非政府机构等力量的积极参与，也能有效调动公众对红色文化的关注。这种社会动员过程可以通过线上线下相结合的方式实现，使得公众在日常生活中更多地接触到红色文化，从而在潜移默化中形成对文化的深度认同。

激励机制的持续优化还需不断结合时代需求和社会变化。在不同历史阶段，红色文化的传播方式、公众的接受度以及社会需求都会有所变化，因此，激励机制也需要根据这些变化进行调整。通过灵活应对社会需求的变化，可以有效保障红色文化在不同社会背景下的传承和发展。同时，公众的文化参与热情与社会整体的文化氛围密不可分，因此，在激励机制的设计中，必须注重创造一个宽松、包容、多样化的文化参与环境，让不同社会群体都能够找到与红色文化相契合的参与方式，真正形成文化传承的社会共识。

公众参与的激励机制不仅仅是为了增加人们对红色文化的关注度，

更是为了在整个社会形成一种持续传承文化的意识。这种意识的形成需要政策引导、社会奖励、文化教育和多元传播手段的协同作用。在这种多层次的激励机制下，公众的参与不再是外部力量推动的结果，而是内在文化认同的自然表达，从而真正实现红色文化在当代社会中的传承与弘扬。

二、社区在红色文化传承中的贡献

社区在红色文化传承中发挥着不可替代的重要作用，社区不仅是居民生活的主要场所，也是文化交流与教育的基本阵地。社区通过其独特的社会功能和组织形式，能够为红色文化的传承提供一个广泛而扎实的基础。社区作为一种基层社会结构，在红色文化的宣传和传承中承载着重要责任。通过其日常的文化活动和集体活动，社区能够在潜移默化中将红色文化的核心精神和价值理念传递给社区居民，尤其是对于年轻一代的影响更加深远。

社区的日常生活环境为红色文化的传播提供了一个自然的平台。在这样的环境中，社区不仅仅是生活场所，还具备着教育和文化传承的功能。通过形式多样的活动，社区能够将红色文化的教育渗透到居民的日常生活中，潜移默化地影响居民的思想和价值观，尤其是在集体文化活动中，红色文化的精神得到了集中展现和传播。这种文化氛围的营造不仅仅有助于提升社区居民的文化素养，也能增强人们对于红色文化的认同感与归属感，进一步推动社会的和谐与稳定。

为了有效传承红色文化，社区需要充分利用其已有的组织形式和资源网络，通过多样化的活动形式进行文化传播。社区作为居民的集体生活单位，具有高度的参与性和凝聚力，能够形成较强的文化传播力。借助社区的组织结构，红色文化的教育活动可以深入开展，通过各种活动的策划与执行，居民能够在日常的参与中接触到红色文化的核心理念。社区的文化功能不仅体现在活动的形式上，还体现在活动的内容选择和文化价值的内在传播力上，红色文化作为国家文化的重要组成部分，在社区活动中的传递，可以通过多渠道、多层次地实现，使其融入人们的生活细节中。

在红色文化传承的过程中，社区的文化活动能力是其最重要的体现之一。社区文化活动的丰富性和多样性直接影响着红色文化的传播效果。通过增强社区的文化活动能力，社区可以更好地组织和推动红色文化的传播，形成有机的文化生态圈，进而在居民中形成对红色文化的深入理解和认同。社区作为文化活动的载体，可以通过长期的、有计划的文化项目和活动，不断加深居民对红色文化的理解与参与感，这种参与不仅仅是文化的感知，更是思想和精神上的认同。

社区文化活动的成功开展离不开对文化资源的整合与创新，社区作为基层组织，可以通过有效整合多方资源，提升其文化活动的质量和影响力。在红色文化的传承中，社区通过资源整合与创新，能够创造出新的文化传播形式与内容，使得红色文化的传播更加贴近现代社会的需求，也更加符合居民的日常生活方式。通过增强社区文化活动的创意性与趣味性，红色文化的传承不再是单纯的说教，而是与居民生活息息相关的文化表达，使红色文化真正融入社区文化的每一个角落。

社区在红色文化的传承中还扮演着教育者的角色，不仅是传承文化的载体，也承担着引导文化认知的责任。在这个过程中，社区需要进一步提升其文化教育功能，通过积极的引导与教育活动，让更多的居民参与到红色文化的学习与传承中来。社区的教育功能不仅仅是知识的传播，更重要的是通过文化活动和教育项目，培养居民的红色文化认同感与实践能力。社区作为红色文化的传播阵地，能够在日常生活中发挥出文化引领的作用，推动红色文化的代际传承，尤其是在青少年群体中的文化教育尤为重要。通过社区组织的文化教育活动，红色文化的精神能够更好地传播，并在新的时代背景下焕发出新的活力。

随着社会的发展，社区在红色文化传承中的作用愈发重要。未来，社区应更加注重其文化功能的提升，充分发挥自身的组织优势和资源整合能力，积极推动红色文化的创新传播。通过不断增强社区的文化活动能力，社区能够在红色文化的传承中发挥出更大作用，使其成为红色文化代际传承的重要桥梁。

三、企业与红色文化传承的合作

企业与红色文化传承中的合作具有重要的社会责任，这不仅关系到企业自身的社会形象和文化建设，也对整个社会的文化生态产生深远的影响。通过社会公益、文化赞助等形式，企业在红色文化的传播与推广中扮演着关键角色。作为经济活动的主体，企业在追求经济效益的同时，也具备文化传承和社会责任的使命。通过积极参与红色文化的保护和弘扬，企业能够为社会的文化氛围注入正能量，成为社会文化传播的重要载体。

社会公益活动是企业推动红色文化传承的重要途径之一。通过组织和参与各种公益活动，企业能够将红色文化的精神内涵渗透到大众生活中，从而增强人们对这一文化遗产的认知和认同。社会公益活动不仅能够体现企业的社会责任感，还能够提升红色文化的影响力和号召力。这种合作方式使得企业不仅仅是经济贡献者，还是社会文化发展的推动者，通过公益活动的深入，红色文化能够更好地融入现代社会，成为社会生活的一部分。

企业在红色文化传承中的另一个重要途径是文化赞助。企业通过提供资金、技术和其他资源的支持，能够促进红色文化项目的开展和实施。文化赞助不仅能够帮助红色文化的保护和传承，还能提升企业的社会声誉和文化影响力。通过这种方式，企业可以将文化赞助与企业的品牌建设有机结合，使得红色文化的精神内涵在更广泛的层面上得到传播。企业的文化赞助不仅仅是简单的经济支持，它更是对社会文化的一种深刻参与，体现出企业对社会发展和文化传承的关注和责任。此外，企业可以通过与政府、社会组织和文化机构的合作，推动红色文化的系统化传承。通过共同策划和实施各种文化项目，企业能够与其他社会主体形成合力，将红色文化的精髓传递给更广泛的社会群体。这种合作方式不仅能够发挥企业的资源优势，还能够促进社会各界的共同参与，从而形成一种文化传播的良性循环。企业的这种合作行为，不仅体现了对红色文化的尊重和传承，也为社会的文化繁荣做出了重要贡献。

在红色文化传承的过程中，企业通过与文化机构的深度合作，能够将文化资源转化为企业自身的核心竞争力。通过文化与企业品牌的结合，企业不仅能够提升自身的文化内涵，还能够通过红色文化的传播，增强社会对企业的信任和支持。这种双赢的合作模式，不仅能够促进红色文化的保护和传播，还能够为企业的发展带来新的机遇。通过文化资源的合理利用，企业在实现经济效益的同时，也能够为社会的文化传承贡献力量。

企业在参与红色文化传承时，还应注重文化内涵的准确传达。红色文化作为中华民族的重要精神财富，其核心精神是艰苦奋斗、不懈追求的爱国主义和集体主义精神。企业在文化传承中，应深入理解和把握这一文化的核心价值观，将其融入到企业的社会责任和文化建设中。在具体的合作过程中，企业应避免简单的形式化操作，而应通过实质性的文化项目和活动，将红色文化的精神内涵与现代社会的需求结合起来，使其在新时代具有新的生命力和影响力。

企业与红色文化传承的合作，不仅是对文化资源的支持和保护，也是对社会责任的具体履行。通过多种方式参与文化传承，企业能够将文化与社会发展有机结合，在推动文化繁荣的同时，提升自身的社会形象和文化竞争力。

第三节 红色文化与时代精神的融合

一、红色文化的时代性发展

红色文化作为中国革命和建设历程中的精神瑰宝，既承载了历史的厚重感，又体现了时代的变迁。要实现红色文化在新时代背景下的传承和发展，关键在于保持其核心不变的同时，注入时代精神的特质，从而使其焕发新的生机和活力。红色文化的核心是社会主义思想和价值体系，这些内容是红色文化发展的根本动力。在新时代，这些核心内容依然需要被牢牢坚守，成为引导思想政治、社会发展、文化建设的重要支柱。保持红色文化核心不变，意味着要延续其所传递的理想信念、奋斗精神、无私奉献的价值取向，并且确保其能够在任何历史阶段中持续发挥精神引领的作用。与此同时，红色文化的时代性发展要求其能够与当下的社会环境、技术进步和思想潮流有机结合。在现代社会，信息传播速度空前加快，全球化进程不断推进，红色文化要在这样的背景下焕发新的生命力，必须进行创新。创新不仅体现在形式和媒介的多样化，更在于内容的丰富和表达的现代化。通过时代精神的融入，红色文化的思想内涵更加贴合现代人的思想情感和认知特点，变得更具吸引力和感染力。

在内容创新上，红色文化必须顺应时代的需求，赋予其更加丰富的社会意义。面对当今复杂的国际形势和多样化的社会思潮，红色文化应当在回应这些新挑战中发挥思想引领的作用。这不仅是红色文化对自身发展的要求，也是时代赋予其的使命。通过引入新时代的社会问题、思想潮流和文化现象，红色文化能够保持思想的开放性和与时俱进的姿态，增强其在全球范围内的影响力。

红色文化的传播方式同样需要与时代接轨。在当今的数字化和网络化社会，传统的宣传模式已不足以完全覆盖新兴的受众群体。通过现代技术手段，红色文化的传播可以更加灵活、高效，从而适应新时代的传播环境。网络空间作为当代最为活跃的文化交流平台，赋予了红色文化在全球范围内传播和影响的潜力。将红色文化融入网络空间，使其成为青年人思想成长的一部分，是时代发展的必然要求。

在实践层面，红色文化的创新不仅仅体现在技术的应用和内容的调整上，还体现在社会实践中的落地实施。新时代的红色文化应当通过各类社会活动、公共服务、教育培训等多样化的形式，让大众在生活中自然接触到红色文化的精神内核。这种与现实生活紧密结合的模式能够增强红色文化的感染力和传播效果，使其成为人们精神世界中的重要组成部分。

红色文化的时代性发展还体现在其在全球视野下的传播与交流上。随着中国在国际舞台上的影响力不断提升，红色文化作为中国独特的文化符号，在全球文化体系中占据了重要位置。通过国际文化交流与合作，红色文化不仅能够展示中国的文化自信，还能够为全球思想文化的多样性贡献独特的力量。在此过程中，红色文化必须结合国际受众的文化背景和认知习惯，进行适当的表达调整，使其能够跨越文化差异，成为全球文化交流中的一个桥梁。

红色文化的时代性发展最终体现为对国家发展和社会进步的深远影响。在新时代，红色文化不仅仅是革命历史的回顾，更是激发新时代人民奋斗精神和社会责任感的重要力量。通过不断注入时代精神，红色文化可以更好地引领社会风尚，成为新时代中国特色社会主义文化的核心组成部分。它能够引导人们在面对各种复杂局势和挑战时，保持坚定的信念和清晰的价值导向，从而凝聚起推动社会前行的强大力量。

红色文化的时代性发展是对其传统精神的继承与创新的结合。保持其核心思想的稳定性和一致性是确保其精神价值的基础，而通过内容和形式的创新，使其更具时代精神则是使其焕发新生的关键。这种发展不仅有助于红色文化在新时代中的传承和发展，还将推动整个社会的思想进步和文化繁荣。

二、红色文化价值观的现代诠释

红色文化价值观在当代社会中呈现出多样化的诠释方式，随着社会的变迁和时代的发展，这一文化遗产逐渐被赋予了新的内涵。现代社会对红色文化的理解已经不仅仅局限于其历史意义，而是通过不断变化的社会需求和价值体系对其进行再解读，使其更加贴近现代人的生活方式与思想观念。

当代审美的变迁促使红色文化价值观在形式和内容上产生了调整。红色文化在现代社会中的审美表达，更多地注重符号化和具象化，将红色文化中的精神内核转化为大众能够直观感受到的符号和文化载体。这种文化转化不是单纯的复制，而是结合了现代设计理念、艺术形式和数字技术，使红色文化在新媒体环境下得到了广泛传播。通过视觉艺术、影视作品、网络媒体等手段，红色文化以更加生动、形象的方式进入大众视野，带来直观的情感共鸣。现代审美对简洁、流畅的表达方式的偏好，也促使红色文化在表现手法上更加注重细节处理，弱化了过于庄重的历史氛围，而更加强调其中的生活气息和人文情怀。

红色文化价值观的现代诠释也反映了当代价值观的变迁。现代社会的价值体系强调个人成长、社会责任与国家发展的协调统一，这为红色文化价值观的重新阐释提供了新的方向。红色文化中的集体主义精神、奉献精神和爱国主义思想在当代社会中被重新唤起，但它们不再仅仅停留于对历史的追忆，而是成为现代人社会行为和道德规范的一部分。在现代社会中，红色文化价值观不仅强调对历史的尊重，还倡导在个人生活中实践这些价值理念。无论是社会责任的担当，还是对共同目标的追求，红色文化价值观通过与个人理想、社会责任的紧密结合，得到了符合现代生活方式的再度认同。此外，红色文化价值观的现代诠释也通过创新的传播方式得以实现。传统的红色文化教育模式多是依赖课堂讲授和书本阅读，而在数字化信息时代，通过多元化的媒体形式和互动方式，使得红色文化的传播更加多样化和立体化。虚拟现实、互动游戏、在线平台等新兴传播渠道，使现代人，尤其是年轻一代，能够更加直观和深入地接触到红色文化中的核心价值观。在这些平台中，红色文化不再是一种静态的存在，而是通过参与感和互动性，将历史事件、英雄人物和革命精神生动地呈现在用户面前，从而实现红色文化价值观与现代人之间的深度对话。通过现代科技手段的加持，红色文化不再仅仅是历史的讲述者，更成为现代社会的活跃力量，助推了其核心价值观在当代的延续和弘扬。

在全球化的背景下，红色文化价值观也以更加开放和包容的姿态，融入了当代社会的多元价值体系。现代社会多元文化并存，不同思想和文化在碰撞中融合，红色文化价值观在这一过程中也得到了新的诠释和传播。它不仅在中国范围内继续发挥着思想引领的作用，也通过文化输出和国际交流，让其他国家和地区的人们了解并认同这些价值观。在这种文化交流中，红色文化的核心价值观得以在国际舞台上重新解读，使其具有了更广泛的全球意义。这种现代诠释不仅丰富了红色文化的内涵，也为其未来的发展提供了更多可能性。

在当代审美和价值体系的双重影响下，红色文化的价值观逐渐摆脱了过去的单一表达方式，以更加灵活、多元的形式融入了现代社会。通过形式上的创新、内容上的更新以及传播方式的革新，红色文化在现代社会中不仅获得了新的生命力，也展现出了其与当代人生活的紧密联系。红色文化的价值观在这种不断变化的时代背景下，不断与现代审美和价值体系相融合，焕发出新的光彩，成为推动社会进步的重要精神力量。

三、红色文化在青年群体中的再塑造

红色文化在青年群体中的再塑造，是当前社会发展过程中极为重要的议题。随着时代的变迁，青年群体的价值观、思维方式以及社会认知正在发生深刻的变化，如何将红色文化有效地融入青年文化，成为社会各界关注的焦点。在全球化和信息化的双重背景下，红色文化的传播与青年文化的结合，不仅关系到文化传承的创新路径，还关系到红色文化在新时代下的生命力和感召力。

红色文化是革命历史的文化积淀，体现了无数先辈为了国家独立、民族解放而奋斗的精神和信念。这种文化蕴含着丰厚的思想资源和精神动力，然而随着时间的推移，部分年轻人对这一历史的亲近感在逐渐淡化，甚至产生了一定的距离感。为了增强红色文化在青年群体中的认同感和归属感，文化的再塑造必须充分考虑到青年群体的心理特点和文化诉求，将红色文化的精神内核与当代青年的生活实际、审美趣味紧密结合。

在当代，青年群体对信息的接收渠道更加多元化，他们偏爱通过新媒体平台获取信息，因此红色文化的传播应注重新形式的运用，融入他们熟悉的交流方式。通过数字化手段，将红色文化的内容与多样化的媒介形式相结合，能够有效提升青年群体的关注度和参与感。无论是通过短视频、动画还是互动式网络平台，红色文化可以更加生动和鲜活地展现在年轻人面前。这种视觉化、娱乐化的传播方式，不仅迎合了青年的审美需求，也使得传统文化得以在新的语境下再度焕发活力。另外，红色文化的核心价值观和青年群体的社会责任感存在天然的契合点。青年一代作为国家未来的建设者，他们对社会进步和正义的追求，与红色文化中所传递的理想主义、集体主义和奉献精神有着深刻的共鸣。因此，推动红色文化再塑造的过程中，必须着力在青年群体中唤起共同的责任意识和历史使命感。通过教育、培训和社会实践等途径，青年人可以在实际的社会活动中感受到红色文化的影响和启迪，进而增强对红色精神的认同和继承。

红色文化的再塑造不仅仅是内容和形式上的创新，更是价值观念的重构。为了适应现代青年群体多元化的思想背景，红色文化的传播必须关注开放性、包容性和多样性。通过将红色文化中的革命精神与现代社会的创新精神相结合，能够激发青年群体对自身文化认同的重新思考和接受。在此过程中，红色文化应不再局限于传统的历史框架，而是作为一种动态的、不断发展的文化形式，融入到青年人的日常生活和思想观念之中。

青年群体具有强烈的参与感和互动需求，因此红色文化的再塑造也应当注重互动体验的设计。通过引导青年群体参与到红色文化的创作、传播和讨论中，能够增强他们对这类文化的理解和归属感。在校园活动、社会公益等场景中，红色文化可以通过多样化的互动形式植根于青年文化之中。这种共创式的参与，不仅能够增强红色文化的亲和力，还能够使其成为青年人思想形成和发展的重要组成部分。

再塑造红色文化的另一个关键在于情感的共鸣。青年群体在个体成长过程中，渴望找到情感上的依托和共鸣点，而红色文化中所蕴含的爱国主义情感、奋斗精神以及无私奉献的精神内涵，能够在很大程度上满足这种情感需求。在塑造过程中，通过故事化、情景化的表现手法，唤起青年群体的情感共鸣，能够有效提升红色文化在青年群体中的吸引力。情感是文化认同的重要基础，红色文化的再塑造必须关注这一点，深入挖掘其中的情感资源，使之成为青年人积极情感体验的一部分。此外，红色文化的再塑造还需要与时代背景紧密结合。当代青年群体身处现代化进程加速的时代，他们对于未来的期许与焦虑，对个人与社会的关系有着独特的理解。通过将红色文化中倡导的集体主义精神与现代社会的个人发展诉求结合起来，能够让青年人更加清晰地认识到红色文化在新时代中的现实意义。红色文化不仅仅是历史的记忆，它更应成为青年人在现代社会中应对挑战、实现自我发展的精神源泉和动力。

第四节　红色文化的国际传播与影响

一、红色文化的国际交流机制

红色文化作为一种特殊的文化形态，承载着深厚的历史记忆与思想内涵，在当今国际交流的过程中，扮演着日益重要的角色。其传播不仅限于国内的思想政治教育，还逐渐成为中国对外展示国家形象和软实力的重要组成部分。随着全球化进程的不断加快，红色文化如何在国际舞台上获得更多的认知和认可，成为文化交流中的焦点问题。加强红色文化的国际推广，不仅有助于提升中国的国际形象，还能够增进不同国家间的文化理解与认同。

红色文化的国际传播不仅依赖于传统的文化输出形式，还需要通过现代化的交流平台来实现。利用国际论坛、文化交流活动和学术研讨会等平台，可以为红色文化提供更多的展示机会。这种交流方式不仅限于官方渠道，更需要通过民间互动和多方参与，增强红色文化在全球范围内的传播效果。随着国际社会对中国文化兴趣的提升，红色文化在这一过程中可以通过不同形式的文化输出，强化其在全球文化版图中的地位。无论是通过语言的交流、艺术的展示，还是通过思想的传播，红色文化都能够以其独特的方式，影响全球不同文化背景下的受众。

在国际文化交流的过程中，红色文化具有强烈的思想性和象征性。它不仅仅是一种历史文化的传承，更是一种价值观的体现。通过加强与其他国家的文化互动，红色文化有机会进入更广泛的全球语境，展现其所蕴含的思想力量。这种文化互动不仅有助于推动国家之间的理解与合作，还能够为全球文化的多样性注入新的活力。通过红色文化的传播，可以促进世界各国对中国历史和思想体系的深入了解，从而在更广泛的国际舞台上形成文化共鸣和思想互动。

在推进红色文化国际化的过程中，构建有效的文化传播机制是关键。借助现代传媒技术和国际网络平台，可以将红色文化更高效地传播到世界各地。随着全球网络的日益发达，红色文化的传播路径不再局限于传统的线下文化交流活动，而是通过数字平台实现了更加广泛的覆盖。这一传播方式不仅提升了文化交流的效率，还扩大了红色文化的受众群体。通过不断创新传播手段，红色文化得以在国际社会中形成持续的影响力。

红色文化的国际推广不仅仅是中国软实力的一部分，还在国际文化交流的框架下扮演着桥梁的作用。通过跨文化的交流与合作，红色文化可以在全球范围内获得更多的理解与认同，进一步提升其在国际文化体系中的话语权。文化的交流与融合是推动国际合作的重要途径，通过文化交流机制的构建，红色文化有机会在世界不同文化背景下展现其独特的思想魅力。

红色文化的国际传播不仅是国家战略的一部分，也是一种通过文化软实力提升国际影响力的实践。在这一过程中，红色文化不仅需要通过文化交流的形式向外推广，还需要依托国际化的视野和开放的心态，接纳和吸收其他国家的文化精髓，实现文化上的双向交流。这种互动不仅能够丰富红色文化的内涵，也有助于增强中国与其他国家的文化认同感和思想共鸣。通过有效的文化交流机制，红色文化能够在全球范围内建立起更强的影响力。

推动红色文化在国际舞台上的传播，需要依赖多层次的交流合作。在官方层面，可以通过双边和多边的文化合作协议，进一步推动红色文化的传播。与此同时，民间文化交流也在红色文化的国际推广中扮演着不可或缺的角色。通过学术研究、文化艺术展示等多种形式，红色文化可以在全球范围内得到更加深入的理解和接受。这种双轨制的文化传播模式，为红色文化的国际推广提供了更多元化的路径。

通过构建更加广泛的文化交流平台，红色文化能够借助国际化的传播渠道，突破地域和文化的限制，实现全球性的传播。国际文化交流中的红色文化不仅代表着中国历史的记忆和思想的传承，还展现了中国在当代国际关系中的文化自信。通过这一过程，红色文化能够在国际社会中逐步形成独特的文化影响力，成为推动全球文化交流与合作的重要力量。

二、红色文化的跨文化适应

红色文化作为中国革命精神和价值体系的重要组成部分，在全球化背景下面临着跨文化传播和适应的挑战。在跨文化交流中，如何在保持红色文化核心价值观的同时，实现其在不同文化背景中的适应，是一项复杂而多维度的课题。红色文化的核心在于其追求公平正义、团结奋斗的精神内核，这种价值观念在全球范围内具有一定的普遍性。然而，在不同的文化和社会背景中，红色文化的传播和接受会因语言、历史、宗教、政治制度等多重因素的影响，而产生多样化的反应和解读。

跨文化适应要求红色文化在传播过程中保持其核心精神不变，同时灵活调整其外在表现形式，以适应接受国的文化规范和社会习惯。在这一过程中，文化交流的双向互动尤为重要。红色文化既需要尊重并理解接受文化的特殊性，又应通过有效的传播渠道和方式，增强其在异域文化中的认同感和共鸣。这种传播的有效性依赖于对目标文化的深入研究和理解，通过选择符合当地文化背景的表达方式，使红色文化的价值观念能够与当地的思想体系、社会情感相融合。

红色文化在跨文化传播中的适应，不仅仅是对外在形式的调整，更涉及对文化深层次内容的灵活阐释。在这一过程中，需要避免简单的复制与输出，而是要根据不同文化的历史背景、社会发展阶段以及价值体系进行适当的调整，使红色文化的核心精神能够自然融入到接受国的文化语境中。通过结合当地的历史记忆、社会现实和价值需求，使红色文化的精神内核在不同文化中焕发新的生命力。

跨文化适应中还需要考虑红色文化的象征意义和情感共鸣。在一些国家和地区，红色文化所代表的革命精神可能与当地的历史经验产生共鸣，而在其他文化背景下，红色文化的某些内容可能与接受国的价值观发生冲突。这种情况下，如何处理文化间的矛盾和差异，成为跨文化适应的重要一环。要实现这一目标，就必须在传播中强调红色文化的“普世价值”，如和平、正义、团结等，同时淡化那些可能引发文化冲突的因素，使红色文化在全球范围内能够获得更广泛的认同和接受。与此同时，跨文化适应也意味着在全球语境下进行创新性的文化表达。红色文化作为一种动态的文化现象，必须通过新的媒介、新的传播方式以及新的叙事手法，不断适应国际社会的变化。数字化时代的到来为红色文化的跨文化传播提供了新的契机，借助互联网和新兴媒体，红色文化能够超越传统的地理和文化边界，进入更多元的国际社会。在这一过程中，文化适应不仅是对现有传播方式的拓展，更是对传播内容的更新和重塑，使红色文化在新的历史条件下焕发出时代的活力。

跨文化适应的另一个关键点在于文化的双向交流与融合。红色文化在对外传播过程中，不仅仅是一个输出者的角色，也应成为一个积极的接受者和学习者。通过与其他文化的对话与互动，红色文化可以吸收异域文化中的先进理念与经验，从而丰富自身的内涵。这种文化的双向互动，有助于增强红色文化的包容性和多样性，使其在全球化进程中能够保持开放性和活力。

在国际社会中，红色文化的跨文化适应还涉及国际政治、经济和社会环境的影响。在不同的国际形势下，红色文化的传播可能会受到不同程度的制约或促进。如何在复杂的国际关系中保持红色文化的传播活力，要求其传播者具备高度的文化敏感性和灵活的应变能力。通过积极参与国际文化交流平台和机制，红色文化能够在更大范围内与其他文化进行平等对话，并在全球多样化的文化格局中占据一席之地。

红色文化的跨文化适应，不仅是其在国际社会中的生存策略，更是其核心价值观念在全球范围内产生影响力的重要途径。在这一过程中，需要坚持红色文化的精神内核，同时不断进行文化表达和传播方式的创新。通过这种不断适应和调整，红色文化将能够在多元文化背景下保持其独特性和生命力，并为全球文化交流和合作贡献重要力量。

三、红色文化的国际传播策略

红色文化的国际传播策略需要在全球背景下充分考虑不同国家和地区的文化、历史和社会背景，通过多样化的手段和平台实现文化影响的最大化。在这种传播过程中，必须准确把握每个地区的政治、经济和文化特征，并依据当地的接受能力和文化敏感性，采用灵活且有针对性的传播策略。为了使红色文化在全球范围内产生共鸣，必须在保持其核心价值观和精神内涵不变的基础上，巧妙运用跨文化传播的技巧，使其能够更好地被不同文化群体理解和接受。

在语言选择方面，传播红色文化的首要任务是确保语言的多样性，以适应全球化背景下不同国家的受众群体。语言是文化传播的桥梁，通过翻译和本土化，可以有效地消除语言障碍。针对不同地区的人群，使用他们熟悉的语言和表达方式，不仅能够拉近文化距离，还可以增强受众的参与感和共鸣。此外，还需关注语言中的文化差异，避免生硬地翻译，使红色文化在传播过程中保持其思想的准确性和表达的亲切感，确保核心理念能够被清晰传达。

在当今全球化的数字媒体时代，传播途径的多样化已经成为必然趋势。传统媒体如报纸、广播和电视仍然是部分地区的主要信息来源，但随着互联网和社交媒体的快速发展，新兴的数字平台提供了更为广泛的传播空间。这就要求红色文化的传播者能够灵活运用多种媒体渠道，根据不同国家和地区的媒体使用习惯进行传播布局。在一些以数字化为主的地区，可以通过社交媒体平台、在线视频、博客等途径，快速、广泛地传播红色文化内容，而在传统媒体仍占据主导地位的地区，电视纪录片、广播节目和出版物则可以更为有效地发挥作用。同时，选择权威性强、具有国际影响力的媒体合作，也是提升红色文化传播力和影响力的重要途径。通过这些媒体渠道，能够实现文化内容的广泛覆盖和深度渗透，从而增强文化传播的有效性。

通过文化交流活动，可以将红色文化的内涵以更加生动、直观的形式呈现给国际受众。文化活动的形式可以是多样的，如艺术展览、电影节、音乐会、学术交流等，这些活动不仅能够展示红色文化的丰富内涵，还可以为国际受众提供一种沉浸式的文化体验。通过参与这些活动，受众可以更深入地了解红色文化的历史背景和精神价值，增强他们对这一文化的认同感和亲近感。同时，文化活动也为跨文化对话提供了平台，使红色文化在与其他文化的交流与碰撞中不断深化其内涵，并在全球文化格局中占据一席之地。

不同地区的人们对外来文化的接受程度各不相同，尤其是在文化多样性和文化认同感较为强烈的地区，如何在不侵犯当地文化传统的前提下传播红色文化，是需要慎重考虑的问题。因此，传播策略必须尊重和包容这些文化差异，通过文化认同和价值共鸣的方式，逐步提升红色文化在国际社会中的认知度和影响力。通过挖掘红色文化中具有普遍意义的价值观，如和平、公平、正义、团结等，可以增强国际受众对这些理念的认同感，从而更容易在全球范围内形成文化传播的共识。

为了保证红色文化传播的可持续性，还需要加强与各国文化机构、学术机构以及非政府组织的合作，形成多方参与的文化传播网络。这样的合作不仅可以拓展传播渠道，还能够借助国际权威机构的影响力，提升红色文化的国际认可度。通过学术研究、文化交流项目以及合作出版等方式，可以不断深化红色文化的国际影响，扩大其覆盖范围。特别是在当前全球化与本土化并行的背景下，红色文化可以通过与当地文化的深度互动，进一步丰富自身的文化内涵，并在传播过程中实现多元文化的交流与融合。

红色文化的国际传播策略需要在多样化的基础上，制定具体的实施方案，确保在全球范围内实现文化传播的最大效果。通过语言、媒体和文化活动等多种方式，可以增强红色文化的国际影响力，塑造其在全球文化格局中的独特定位。这不仅有助于弘扬中国的文化传统和历史精神，也为全球文化的多样性贡献了新的内容与价值。

四、红色文化的全球影响力评估

红色文化在全球范围内的传播和影响力是一个复杂且多维度的过程，需要从文化传播的深度、广度和接受度等多方面进行评估。为了更好地理解和优化红色文化的国际传播效果，构建一个系统的评估指标体系显得尤为重要。这个体系应包含不同的维度和标准，以量化和质化结合的方式，充分展示红色文化在全球的传播效果，并为未来的传播策略提供数据支持和理论依据。

评估红色文化的全球影响力，首先要考量它在国际社会中的传播范围和速度。通过分析传播的广度，能够明确哪些地区对红色文化表现出较强的兴趣，哪些地区的传播相对滞后。传播的广度可以通过红色文化在国际新闻、学术研究、社交媒体和大众媒体中的出现频率，以及在国际文化交流活动中的参与度等数据进行分析。传播的速度则可以通过考察红色文化自首次进入某个国家或地区后的传播轨迹、所经历的主要阶段以及在短期内的快速扩散情况来评估。

除了传播的广度和速度，红色文化的接受度是评估其全球影响力的关键因素之一。接受度反映了国际社会对红色文化的认同程度，包括思想上的接受、情感上的共鸣以及行为上的响应。通过调查不同国家和地区的受众对红色文化的理解和态度，可以了解到他们是否认同红色文化所传递的价值观，是否将其纳入到自身的文化语境中，并将红色文化作为全球文化的一部分予以尊重和传播。

在接受度的评估中，还应考量红色文化在国际政治、经济和文化语境下的适应性。这一适应性可以通过分析红色文化在不同社会制度、文化背景和价值观体系中的传播效果得以体现。如果红色文化能够与当地的文化传统、历史背景和社会现实紧密结合，并在传播过程中适应这些差异性，那么它在国际社会的接受度将更高。因此，评估指标体系中应包含对红色文化跨文化传播适应性的研究，并考量其在不同国家和地区的本土化程度。此外，红色文化的全球影响力还可以通过其在国际学术界和政界的引用和讨论频率来评估。在全球政治与思想体系的互动中，红色文化的核心思想是否得到了广泛的探讨与认可，是否参与到国际主流思想体系的构建当中，能为其国际影响力的评估提供重要参考。在国际会议、论坛和出版物中，红色文化相关的议题出现的频率，以及其思想是否能够引发广泛的学术讨论，都是评估红色文化全球影响力的重要维度。

同样重要的是，红色文化的全球传播路径也需要被详细分析。通过考察红色文化在全球不同地区的传播路径，可以发现其传播的主要媒介、方式及平台，并据此优化传播策略。不同地区的文化接受方式不同，有的地区可能更依赖传统媒体，而另一些地区则更倾向于通过社交媒体和网络平台进行文化接触。因此，传播路径的分析不仅要包含媒体类型的选择，还要考量传播平台的多样性与互动性，评估其是否能与当地的受众需求相契合。

评估红色文化全球影响力的另一个重要维度在于其对国际受众行为的引导作用。通过分析红色文化在国际社会中的传播效应，能够发现其是否引发了国际社会在政治、文化或社会行为上的变化。

在评估全球影响力的过程中，不可忽视红色文化的持续性和延展性。国际文化的传播并非一蹴而就，而是一个长期的、渐进的过程。红色文化的国际传播同样需要通过长期观察来评估其在不同文化体系中的生命力和持续影响力。这种持续性不仅体现在红色文化的短期效应上，还体现在其能否在未来的全球文化对话中继续发挥作用，并不断更新和适应国际文化的变化。通过动态的评估体系，可以确保红色文化的国际传播始终与时代发展同步，并能不断扩展其全球影响力。

这个评估体系的建立，将为红色文化的全球传播提供科学依据和实践指导，帮助决策者和文化传播者制定更加精准和有效的传播策略。同时，随着国际文化环境的不断变化，评估体系也需要不断优化和调整，以适应新形势下的传播需求。

第三章

红色文化与思想政治教育的关系

本章深入分析了红色文化在思想政治教育中的重要作用，特别是在思想政治意识塑造和价值观教育中的独特地位。红色文化通过其核心价值体系和历史故事，促进了社会凝聚力的建设，强化了社会成员的责任感与使命感。同时，红色文化对青少年思想有着深刻的影响，能帮助年轻一代树立正确的世界观、人生观和价值观，成为思想政治教育中的核心工具之一。

第一节 红色文化对思想政治意识的塑造

一、红色文化的历史传承对思想政治意识形成的作用

红色文化作为中国革命、建设与改革过程中逐步形成的独特文化现象，是中华民族重要的精神财富之一。它通过生动的革命故事、丰富的历史遗迹和革命精神的传承，构筑起了社会思想政治意识的基础。红色文化的历史传承不仅是一段民族奋斗的记忆，更是一种思想与精神的延续，这种延续体现在历史的经验中，贯穿于人们的日常生活之中，形成了对个体和社会思想政治意识的重要影响。

红色文化源自中国革命和建设中的艰苦历程，这种文化承载着民族

的共同理想与价值观，深刻地塑造了人民的政治意识。在中国的革命历史中，红色文化以其独特的方式激励着无数民众团结起来为实现民族独立和人民解放而奋斗。那些源远流长的革命精神和伟大的人物事迹通过故事、文学、艺术等多种形式不断传播，使得革命精神成为社会思想政治意识的一部分。通过历史的传承，红色文化将自强不息、勇于斗争的精神植根于人们的思想深处，影响着个体的政治立场和社会态度。

这种历史传承不仅仅停留在文字和图像的记忆中，更渗透到了社会的各个方面。红色文化的传承通过家庭教育、学校教育、社会宣传等多种途径对每一个人成长过程中思想的形成产生了重要作用。尤其是在家庭教育中，长辈通过讲述革命的历史、英雄的事迹，将爱国主义精神和集体意识传递给年轻一代，使得这种文化的影响在代际间延续并深化。而在学校教育中，通过历史课程、思想政治课程的教学，学生们系统地学习革命历史，理解红色文化的价值，进而增强自身的民族自豪感和爱国情怀。这些因素共同构成了思想政治意识形成的重要基础，帮助个体更好地理解国家发展背后的历史脉络与民族精神。

红色文化不仅在思想传承方面具有重要作用，还在一定程度上影响了社会的集体认同和共同价值观的形成。在长期的历史发展中，红色文化通过庆祝重大节日、纪念活动等方式，进一步巩固了社会集体记忆，使得民众在面对困难和挑战时，能够找到精神上的依托和支持。这种集体认同感和对革命精神的继承，帮助社会成员在共同的历史记忆中找到自我定位，从而增强了社会的凝聚力。在各种集体活动中，人们通过缅怀先烈、重温历史，激发对革命精神的敬仰与崇尚，使得思想政治意识在潜移默化中得以强化。

红色文化的传承还通过文学、影视等文化产品，在更为广泛的范围内对思想政治意识产生影响。革命题材的小说、电影、戏剧等，通过艺术化的表达方式，将革命年代的英雄事迹、家国情怀和理想追求呈现在大众面前。这样的文化表达不仅丰富了大众的精神生活，也使得红色文化的核心价值更为深刻地融入了人们的思想观念中。这些作品通过感人的情节、真实的历史背景和人物塑造，使观众在情感共鸣中加深对红色文化的理解，进一步扩大了思想政治意识的深度与广度。

红色文化的历史传承不仅仅是对革命历史的纪念和回顾，更是一种精神的再生，是对当代社会思想政治意识的重要滋养。在现代社会，红色文化的精神激励着人们在和平环境中继续奋斗，追求社会的进步与个人的成长。在社会不断变化和发展的过程中，这种文化依然为人们提供了宝贵的思想资源和精神指引，帮助个体在复杂的社会环境中坚持正确的价值导向，保持积极进取的态度。因此，红色文化的历史传承是当代思想政治意识形成的重要力量，它通过深刻的历史记忆、丰富的文化表现、广泛的社会教育等多种途径，逐步渗透到社会生活的方方面面，影响着人们的价值观、政治立场和社会态度。这种影响不仅仅局限于特定历史时期的回顾和传承，而是与时代的发展紧密结合，为当代社会的思想政治建设提供了重要的精神动力。通过继承红色文化的优良传统，发扬革命精神，我们能够更加坚定地面对未来的挑战，为实现民族复兴的伟大梦想而共同努力。

二、红色文化在思想政治教育中的运用

红色文化作为中国革命历史的宝贵精神财富，在思想政治教育中具有重要的应用价值。它不仅仅是历史记忆的传承，更是在当代社会中引领思想、塑造价值观的重要载体。通过深入挖掘红色文化的内涵，可以将其转化为思想政治教育的重要资源，用于增强青年一代的民族自信心和责任感。

红色文化在思想政治教育中的运用，首先体现在课堂教学的内容设计上。思想政治课中，红色文化的元素被广泛纳入，成为学生了解中国革命历史的重要途径。通过讲述革命先辈的英雄事迹和集体奋斗的精神，教师可以引导学生深刻理解红色文化所传递的革命精神和社会责任感。

这种方式不仅丰富了课堂内容，也为思想政治教育注入了强有力的情感动力，使得学生在潜移默化中接受红色文化的熏陶，强化对社会主义核心价值观的认同。

在课外活动中，红色文化的运用同样丰富多样。通过组织参观革命遗址、纪念馆等活动，学生们能够更加直观地感受红色文化的力量。这类实践活动不仅能加强学生对历史的认知，还能激发他们学习红色文化的兴趣，使得思想政治教育不再局限于书本，而是融入到实际的社会体验之中。这种体验式教育增强了学生的情感共鸣，使得红色文化中的革命精神更加生动、具体地进入他们的心灵深处，进而内化为自身的思想意识和价值追求。

除了传统的课堂教学和实践活动，随着现代技术的发展，红色文化也逐渐在数字化平台上得以广泛传播。在网络课堂、微课、慕课等新型教学模式中，红色文化的经典内容被数字化，呈现出更加生动、形象的教育效果。这种方式使得思想政治教育能够跨越时空限制，让学生随时随地接触红色文化的精髓。同时，社交媒体平台上的红色文化宣传也为思想政治教育提供了新的渠道，借助短视频、图文并茂的方式，红色文化得以更具吸引力和时代感地传播，在潜移默化中影响着年轻群体的思想认同和价值选择。

红色文化在思想政治教育中的运用，不仅注重历史的再现，更强调与现实的联系。通过将红色文化与当代社会的重大议题相结合，教育工作者能够有效引导学生思考革命精神在当今社会的现实意义。作为中国革命历史中的精神支柱，红色文化承载着对社会主义道路和中国共产党领导的深刻认同。在思想政治教育中，借助红色文化的传播，能够有效抵御外部不良思想的侵袭，引导学生树立正确的价值观和人生观。通过红色文化的不断渗透，学生们逐渐建立起对社会主义核心价值观的高度认同，并在这一基础上形成对国家、社会的归属感和责任感。这种思想政治教育的效果，是其他单一的教育方式难以替代的，因为红色文化具有强烈的情感感召力和思想凝聚力，能够在教育过程中产生深远的影响。

三、红色文化中的革命精神对政治信念的影响

红色文化作为中国革命历史的宝贵遗产，承载了无数革命先辈的奋斗精神和坚强信念，深刻影响着人们的政治信念和社会认同感。红色文化中的革命精神，是指革命过程中形成的坚定不移的信仰、无私奉献的精神和不懈奋斗的意志。这种精神不仅体现了对国家和民族的热爱，更塑造了人们对政治信念的坚守，成为一代代人不懈奋斗的精神力量。

在革命时期，红色文化以其鲜明的理想主义色彩和革命意志，启发了无数革命者为民族独立和人民解放而不懈奋斗。革命精神的核心是一种追求公平、正义的价值观，这种价值观成为了许多人政治信念的基础。无数革命者在面临极其艰难的困境时，依然坚定地相信自己的信仰，这种信念支撑他们克服各种困难，甚至不惜牺牲生命。革命精神的传承，使得这种坚定的信念不再仅仅属于个体，而是成为了社会集体意识的一部分，进而影响了广泛的社会认同。

红色文化中的革命精神还强调集体主义和为人民服务的价值观，这直接塑造了人们的政治认同感。在革命的过程中，集体的力量被放大，个人的牺牲被看作是为了更大的集体利益。这种集体主义的革命精神，超越了个人的功利性，使得个人的奋斗与国家的命运紧密相连。通过这种精神的影响，人们逐渐认识到，政治信念不仅仅是个体的选择，更是一种社会责任和道德使命。这种认同感，促使人们更愿意为社会的整体利益贡献自己的力量，形成了广泛的政治共识。

红色文化中的革命精神还通过历史故事和英雄人物的塑造，进一步巩固了人们的政治信念。这些革命先烈的英勇事迹，不仅激发了人们对革命精神的认同，也在潜移默化中塑造了人们的政治信仰。通过这些历史事件的传播，革命精神被赋予了崇高的象征意义，成为了激励后人不

懈奋斗的精神动力。在这种背景下，政治信念不再是抽象的概念，而是具体的历史记忆和精神传承的一部分。人们通过对革命历史的学习和纪念，进一步坚定自己的政治信仰，并将这种信仰与现实生活中的奋斗目标相结合，形成深厚的社会认同感。

革命精神中的顽强斗争和乐观主义精神，也对人们的政治信念产生了重要影响。革命者在长期的斗争中表现出的坚韧和不屈不挠，使得人们在面临政治环境的变化时，能够保持清醒的头脑和坚定的信念。革命精神所传递的不仅仅是对政治制度的支持，更是一种面对艰难险阻时的精神力量。这种顽强的斗争精神和乐观主义，使得人们在面对现代社会复杂的政治环境时，依然能够坚持自己的信仰，抵御各种外界干扰。

红色文化中的革命精神还通过长期的社会教育和文化传播，进一步加深人们对政治信念的认同。在中国的政治教育体系中，革命精神始终占据着重要位置，无论是在学校的课堂教学，还是在社会的各类宣传活动中，革命精神的弘扬都成为了塑造公民政治认同的关键因素。通过这些教育和传播活动，革命精神深入人心，成为许多人政治信念形成和发展的基础。

红色文化中的革命精神通过其内在的理想主义、集体主义和顽强斗争精神，深刻地塑造了人们的政治信念。这种精神不仅影响个体的政治认同，也在整个社会范围内形成广泛的共识。通过历史的传承、教育的普及以及文化的传播，革命精神成为了现代中国社会中不可或缺的精神力量，推动着人们不断追求更高的政治理想和社会目标。在这一过程中，政治信念不再是孤立的个人选择，而是集体精神和社会价值观的集中体现。

第二节　红色文化与价值观教育

一、红色文化核心价值的传递

红色文化的核心价值观在当代的价值观教育中起着不可忽视的作用。它不仅是历史遗产的传承，更是当代社会思想建设的重要基石。红色文化所蕴含的精神力量，既是国家民族团结奋斗的象征，也是社会主义核心价值观的重要组成部分。红色文化源于特定的历史环境，深刻表达了中国共产党在革命和建设过程中形成的思想体系，这一思想体系奠定了现代中国价值观的基础。

在当代社会，红色文化的核心价值观具有时代意义。它不仅是激励人们在逆境中奋进的精神动力，更是一种道德指引，帮助个体与社会在复杂的时代背景下寻找到前行的方向。通过传递红色文化中的爱国主义、集体主义、无私奉献和艰苦奋斗精神，社会能够更有效地塑造公民的社会责任感和集体荣誉感。这些价值观的传递，帮助公民在个人利益与社会利益之间找到平衡，培养对社会的责任心和对国家的认同感。

红色文化所传递的核心价值观在当代价值观教育中也有着具体的体现。它通过学校教育、社会宣传和文化活动等多种形式，广泛传播并逐渐成为社会共识。特别是在青少年的思想教育中，红色文化的核心价值观为培养他们的历史责任感和使命意识提供了坚实的理论支持。通过学习和继承红色文化的精神，青少年能够深刻理解社会发展与个人成长的关系，形成正确的人生观和价值观。无论是在课堂教学中，还是在社会实践中，红色文化的精神力量时刻提醒着年轻一代在面对各种挑战时，不忘初心，勇于承担社会责任。

在当代社会的各类公共活动中，红色文化核心价值观的传播进一步促进了社会的和谐发展。它通过文艺作品、纪念活动以及媒体宣传等多种方式影响着社会成员的思想，激励更多人继承和发扬红色精神。红色文化的价值观念不仅仅是历史的见证，它还通过时代的创新与发展，融入了现代社会生活的各个方面，成为了国家意识形态的重要组成部分。

红色文化的核心价值观在当代价值观教育中的作用不仅限于塑造个体的思想意识，还在于它能够推动社会的整体道德提升。这些价值观念在面对社会转型和全球化挑战时，展现出强大的包容性和适应性。它帮助社会成员理解和处理社会变革中的各种冲突，增强社会凝聚力和向心力。红色文化所蕴含的奋斗精神和集体意识，能够有效应对当代社会中的个体主义倾向，使得社会各界更加关注集体利益和社会和谐的发展。此外，红色文化的核心价值观在当代社会治理中也发挥着独特的作用。它强调集体利益优先和社会责任感的培养，符合当代社会治理的基本理念。通过倡导红色文化中的廉洁自律、为人民服务等价值观念，社会治理的道德基础得到了有效的巩固。通过将红色文化与现代社会治理结合，能够更好地实现社会的公平与正义，促进社会的和谐与稳定。

红色文化的核心价值观在当代价值观教育中扮演着举足轻重的角色。它通过多种途径广泛传播，深刻影响着社会成员的思想行为，为社会的持续发展提供了强有力的精神支持。这些价值观不仅是历史的传承，更是当代社会的宝贵财富。红色文化的核心价值观，作为社会主义核心价值观的有机组成部分，将继续在新时代的发展中发挥其不可替代的作用。

二、红色文化与社会主义核心价值观的契合

红色文化与社会主义核心价值观的契合体现在其历史渊源和思想传承上，深刻影响着当代社会的价值观教育体系。红色文化作为中国革命、建设和改革历程中的精神财富，蕴含了丰富的思想资源和价值体系，它与社会主义核心价值观高度一致，成为推动国家建设与社会发展的重要

精神支撑。在价值观教育的过程中，红色文化通过其内在的历史使命感、奋斗精神和爱国主义精神，为社会主义核心价值观的践行和传播提供了强有力的思想基础和文化土壤。

红色文化强调集体主义精神，追求全体人民的共同利益，这与社会主义核心价值观中的“富强、民主、文明、和谐”理念高度一致。红色文化所倡导的无私奉献、勇敢奋斗和团结合作的精神，正是社会主义核心价值观中“敬业、诚信、友善”道德要求的具体体现。在中国革命和建设的各个历史阶段，革命先烈和建设者们为国家独立、民族解放和人民幸福不懈奋斗的事迹，成为爱国主义教育的鲜活素材，在当代社会仍然具有重要的激励作用。这种精神鼓舞着人们以坚定的理想信念投身于国家的建设事业，成为当代价值观教育中爱国主义精神培育的重要来源。

红色文化的形成和发展过程，深刻反映了社会主义核心价值观的历史演进与发展逻辑。无论是在革命战争年代，还是在社会主义建设时期，红色文化都以一种独特的方式传递着中国共产党领导人民追求民族独立、国家繁荣和人民幸福的宏大愿景。在这个过程中，红色文化积淀了丰富的历史经验和价值观念，并通过教育、文化活动等形式延续至今，成为社会主义核心价值观的重要载体。这种文化不仅体现了国家与社会的共同价值追求，还通过对个人行为的引导，塑造了当代中国人的思想意识和价值观体系。

红色文化的教育功能在社会主义核心价值观的传播过程中具有不可替代的作用。通过红色文化教育，个人可以深入了解中国革命和建设的历史，理解中国共产党领导下取得的伟大成就。这种历史认知不仅加深了对社会主义核心价值观的理解，还增强了国家认同感和民族自豪感。在现代社会的教育体系中，通过红色文化对社会主义核心价值观的阐释，帮助学生树立正确的世界观、人生观和价值观，提升其社会责任感和历史使命感。

红色文化的传承与社会主义核心价值观的契合性还体现在其不断适

应社会发展变化的能力上。随着时代的进步，红色文化不断创新和发展，融入了当代的政治、经济、文化等领域。通过各种形式的传播与教育活动，红色文化不仅成为历史记忆的载体，也成为引导人们践行社会主义核心价值观的现实力量。这种文化的适应性和包容性使得其能够在当代社会中继续发挥积极的思想引领作用。

在价值观教育中，红色文化不仅仅是历史的回顾，更是对未来的展望。通过对红色文化的深入学习和实践，个人能够更加坚定地践行社会主义核心价值观，承担起推动社会进步和国家发展的责任。同时，红色文化所倡导的奋斗精神、创新精神和奉献精神，也为当代社会注入了强大的正能量，推动着社会主义核心价值观在实践中的深入落实。

红色文化与社会主义核心价值观的契合，是历史与现实、传统与现代的有机结合。它不仅为国家建设提供了精神动力，也为个人价值观的塑造提供了方向。通过红色文化的弘扬，社会主义核心价值观得到了更加广泛而深刻的传播与实践，为实现中华民族伟大复兴的中国梦奠定了坚实的思想基础。

三、红色文化对道德教育的影响

红色文化在道德教育中扮演着重要的角色，它深刻影响了道德教育的内容和形式，并为社会道德标准的确立提供了精神资源。红色文化以其独特的历史背景和精神内涵，承载了革命先辈的理想信念、奋斗精神和无私奉献精神，成为道德教育的重要素材。在教育过程中，红色文化通过对革命故事、英雄事迹的传递，强化了人们对社会责任、道德规范以及集体主义价值观的认知，促进了道德标准的升华。

红色文化所倡导的价值观，强调国家利益、集体利益高于个人利益，强调艰苦奋斗和无私奉献，这些都与道德教育中的核心理念相契合。在道德教育中，红色文化不仅是历史的再现，更是道德价值的传递与延续。通过学习革命历史和英雄人物的事迹，教育对象能够更加深刻地理解责任、担当、坚韧等品质的重要性。这种对历史与道德的结合，使得道德教育不再是单纯的理论灌输，而是通过真实的历史事件和人物形象，形成了对道德的生动诠释。

红色文化中体现的道德价值观具有普遍性，它倡导的公正、平等、廉洁等道德标准对当代社会仍具有深远的指导意义。红色文化所塑造的英雄人物形象，成为了道德教育中的榜样。他们身上所展现出的不畏艰难、甘于奉献、勇于牺牲的品质，成为了引导人们道德行为的规范。通过这些榜样的力量，道德教育能够更好地培养人们的社会责任感和道德使命感。

在当代社会，随着经济发展和社会结构的变化，人们的道德观念也在不断变化。在这个过程中，红色文化为道德教育提供了稳定的价值参照。通过对红色文化的学习和弘扬，人们可以在多元化的社会环境中，坚守基本的道德底线，树立正确的价值观。这种价值观念不仅体现在个人道德修养的提升上，也反映在社会道德的整体建设中。红色文化所蕴含的爱国主义精神、集体主义精神和艰苦奋斗精神，帮助人们在多样化的价值选择中，坚定正确的道德取向。

红色文化对道德教育的影响还体现在其长远性和持续性。红色文化不仅是对过去革命精神的纪念，更是在当下和未来社会中具有实践价值的精神资源。通过道德教育的持续传递，红色文化中的价值观念得以代代相传，形成了社会道德标准的持续塑造过程。红色文化中的道德理念不仅影响了老一辈人的行为准则，也通过教育体系影响着年轻一代，使得道德教育在不同的时代背景下，始终保持了与现实社会的紧密联系。

通过对红色文化的深入学习，人们不仅能够提升个人的道德修养，还能够将这种道德意识转化为实际的行为准则，从而促进社会的和谐与稳定。红色文化中的英雄事迹和精神力量，激励着人们在面对困难和挑战时，能够坚守道德底线，保持乐观向上的精神状态。这种道德教育的影响力不仅体现在个人层面，还辐射到了整个社会，为社会道德秩序的维护提供了精神支持。

红色文化与道德教育的结合，使得道德标准在社会中得到了更加具体的体现。通过教育过程中的实践，红色文化所蕴含的精神力量不断被赋予新的时代内涵，成为社会成员共同遵循的道德规范。这种影响不仅仅是暂时的，而是长期而深远的。通过对红色文化的传承与发扬，道德教育在不同的时代背景下，不断深化和丰富，使得社会道德标准在历史和现实的交织中，得以持续发展与完善。

第三节　红色文化在社会凝聚力建设中的作用

一、红色文化对社会共同目标感的强化

红色文化在塑造社会共同目标感方面具有重要作用，它能够通过根植于历史和集体记忆中的价值观念，凝聚社会成员的力量，使人们在共同的价值目标下团结一致。红色文化源于革命时期，凝聚了许多先辈为国家独立、民族解放而奋斗的精神，这些精神在现代社会依然具有极强的号召力和凝聚力。当一个社会具备了共同的历史记忆和情感认同，社会成员之间便能够更容易地形成共同的目标和价值体系。通过红色文化的传播，人们可以在对国家历史的理解中找到归属感和责任感，从而更坚定地朝着共同的目标前进。

红色文化蕴含的爱国主义精神、集体主义价值观和无私奉献的理念，能够为社会提供一种强烈的使命感。这种使命感不仅仅存在于国家或民族层面，更渗透进个体的日常生活。通过宣传和教育，红色文化被不断传递，它通过各类文学作品、影视剧、艺术作品等多种形式的传播，深入影响了社会的思想意识形态。人们在这些红色文化作品的熏陶下，不仅更加清晰地认识到自己的历史责任，也能进一步理解社会发展的重要

方向和路径。这种文化在不断强化个人与集体的关系，促使人们在生活和工作中自觉践行红色文化所倡导的价值观念，从而达成更高层次的社会凝聚。

红色文化在社会生活中的具体表现是通过一系列的国家或地方活动，将不同背景的人群凝聚在一起，并朝着同一个目标努力。无论是大型的纪念活动，还是针对某一历史事件的纪念仪式，红色文化都通过历史事件和英雄人物的再现，唤起人们的情感共鸣。这种共鸣不仅仅是一种对过去的怀念，更是一种对未来目标的展望。在社会不断发展和变化的过程中，红色文化为人们提供了一种不变的精神支柱，使人们无论在面对何种挑战时，都能够从红色文化的精神内涵中汲取力量，找到前行的方向。红色文化的传播还通过各种教育途径深入社会的各个层面，特别是在青少年教育中占据了重要地位。青少年时期是价值观和人生观形成的关键阶段，红色文化通过学校教育、社会活动和家庭熏陶等多种途径，培养青少年的集体主义精神和爱国意识。这种教育不仅仅局限于课堂，它通过与实际生活的结合，使青少年在各种实践中体验到集体主义和共同目标感的力量，从而将这种价值观内化为个人的行动准则。当青少年接受了这种教育，他们在成长过程中会更加注重个人与社会的关系，自觉地为社会共同目标而努力。

通过红色文化的不断传播和深化，社会成员在潜移默化中认同并接受了红色文化的价值观，从而在社会中形成了一种强大的凝聚力。红色文化不仅通过历史的传承影响着人们的思想，还通过现代社会的各种形式持续为社会注入新的活力。每当社会面临重大挑战时，红色文化便成为凝聚人心的强大力量，使社会成员能够在共同目标的引领下，共同应对困难，推进社会的进步和发展。

红色文化中的英雄主义、集体主义和无私奉献的精神，在当代社会仍然是推动社会前行的重要精神力量。它不仅帮助人们保持对国家和社会的信任感，也为社会的未来发展提供了持续的动力。在这个过程中，红色文化通过强化社会共同目标感，促使人们团结一致，为社会进步贡献力量。这种强大的社会凝聚力不仅有助于社会的和谐稳定，也为国家的长远发展奠定了坚实的基础。

二、红色文化在社会团结中的功能

红色文化在社会团结中的功能主要体现在它能够通过思想引导、价值观传递和情感共鸣等多方面凝聚人心，促成社会共识。红色文化植根于中国革命、建设和改革的伟大历程中，蕴含着坚定的信仰、顽强的奋斗精神以及共同的理想追求。在社会团结的过程中，红色文化不仅作为历史的见证，更成为塑造当代社会认同的精神纽带。

红色文化通过传递共同的历史记忆和集体经验，使不同群体在面对当下的社会挑战时能够找到相似的情感寄托。这种集体记忆不仅是对过往历史的追溯，更是在当前社会发展中寻找自我认同的重要途径。当人们共同回顾那些波澜壮阔的革命岁月、伟大的建设成就时，会自觉或不自觉地与这一文化产生情感共鸣。这种共鸣在社会团结中扮演着重要角色，因为它能够让人们在多样化的社会背景中找到一致的价值认同。

红色文化还具有引领社会正能量、提升社会道德水准的作用。它所倡导的集体主义、无私奉献和坚忍不拔的精神，能够有效对冲个人主义、物质主义等社会负面倾向。通过对这些核心价值的认同，社会中的个体更加容易形成一种共同的社会责任感和使命感。在这样的价值引导下，社会成员不仅能够相互理解和支持，还能为共同的社会目标贡献力量，从而形成团结一致的社会氛围。这种精神不仅仅是一种抽象的信念，它在许多实际的社会行动中得到了具体体现。

红色文化还在推动社会公平和正义方面发挥着重要作用。它所倡导的“人民至上”“全心全意为人民服务”等理念，为社会中的弱势群体提供了精神上的支持和行动上的保障。这种文化强调社会整体利益，倡导共同富裕，反对社会的两极分化，从而在实际的社会结构中促进平等和和谐。通过对这些理念的广泛宣传和践行，红色文化在社会成员之间建立起了一种基于平等、互助的社会关系，从而有效加强了社会的团结与凝聚力。

红色文化还通过国家政策和社会治理中的具体实践来实现其对社会团结的功能。国家在制定社会发展战略和政策时，往往以红色文化的核心价值为基础，推动社会各阶层的广泛参与与合作。这种广泛的参与机制不仅使社会资源得以优化配置，还促进了不同社会群体之间的沟通与合作，减少了潜在的社会矛盾与冲突。在这一过程中，红色文化的价值观念为社会提供了重要的思想指导，使社会成员能够在复杂的社会环境中达成共识，增强社会的向心力和凝聚力。

红色文化的宣传和教育活动也是增强社会团结的重要手段。通过各种形式的文化宣传，如影视作品、纪念馆建设、主题教育等，红色文化深入到社会生活的方方面面，成为影响人们思维和行为的强大力量。这种文化传播不仅仅停留在表面的历史叙述上，更是在潜移默化中将爱国主义、集体主义等价值观根植于人们的日常生活中。在这样的文化氛围中，人们逐渐形成了对国家、社会的高度认同感和归属感，这为社会的长期稳定与发展提供了重要的精神支撑。

通过红色文化的长期熏陶，社会各界形成了一种高度认同的共同体意识。这种共同体意识不以个体利益为中心，而是以国家、社会的共同目标为核心，强调个人与集体、社会与国家之间的紧密联系。这种观念促使社会成员在面对社会矛盾时更加理性和包容，推动了社会内部的和谐与团结。

红色文化在推动社会团结的过程中发挥了重要的桥梁作用，它通过历史的积淀和现实的实践，成为社会成员共同追求进步、维护稳定的精神动力。正是在这种文化的感召下，社会各界能够超越分歧，形成更加紧密的合作与支持网络，从而为实现社会和谐、国家繁荣提供坚实的基础。

三、红色文化在社会组织和活动中的激励作用

红色文化在社会组织和集体活动中具有显著的激励作用，它以其独特的精神内涵和历史力量激发人们的积极性和凝聚力。红色文化不仅是历史记忆的象征，它还通过潜移默化的方式激励着个体和群体共同奋斗。在社会组织和集体活动中，红色文化所传递的理想信念和价值追求成为人们的精神动力，促使组织成员为共同的目标努力，形成一种强烈的集体归属感和使命感。

红色文化蕴含着丰富的革命精神、奋斗精神和奉献精神。这些精神通过各种形式的活动在社会组织中得以传承和弘扬，使得参与者在活动中感受到一种共同的责任和历史使命。这种精神力量不仅仅存在于历史的叙述中，它通过文化的传递转化为社会实践的动力，使得组织成员在面对困难和挑战时能够展现出顽强的拼搏精神。在集体活动中，红色文化的引导作用往往能够增强集体成员的团结协作意识，通过激发大家的共同理想，促进成员之间的合作与支持，从而提升组织的整体效能。

红色文化还通过对榜样力量的推崇，激励社会组织中的个人在日常工作和活动中发挥更大的潜能。无论是在历史上还是在当代社会中，许多个人和集体的先进事迹都是红色文化的直接体现，它们通过活动中的宣扬和传播，成为激励组织成员不断进取的榜样。这些榜样人物以其无私奉献的精神和坚定的信念鼓舞着他人，促使人们在面对复杂的社会环境时，不断克服困难，勇于创新。这种激励作用在组织管理中尤为重要，能够使成员在个人与集体的互动中找到自我价值与集体目标的平衡，从而自发地投入到集体活动的各个方面。

红色文化在社会组织的激励作用还体现在它对组织氛围的塑造上。它所传递的乐观向上的精神态度以及坚韧不拔的意志力，能够为集体活动注入积极的能量，使得成员在工作和活动中始终保持高昂的士气。红色文化中的革命精神以及对理想社会的追求，能够转化为现代社会组织

中促进变革与创新的精神资源。这种文化氛围不仅能够增强成员的凝聚力，还能够提升组织内部的互动质量，促进成员之间的相互信任与合作，从而提高组织的工作效率和整体效能。红色文化作为一种重要的文化资源，能够通过不断创新和转化，在不同类型的社会组织中找到新的表达方式。

在社会组织的发展过程中，红色文化还能够提供一种长期的精神支撑。这种文化的影响力并不仅限于某一时刻或某一事件，它的精神内核能够持续作用于组织的各个层面。在集体活动中，红色文化所倡导的无私奉献、团结互助等价值观念，能够深刻影响组织的文化建设，使其成为组织成员在日常工作和生活中遵循的准则。这种内化于心的文化力量，往往能够使组织在面临外部挑战和内部矛盾时，保持稳定与活力，并促使组织成员在困境中勇敢前行。

红色文化作为一种强大的精神力量，通过其独特的价值观和精神内涵，在社会组织和集体活动中发挥了不可忽视的激励作用。它不仅通过榜样的力量和精神传承激励成员，也通过塑造积极向上的组织氛围，为集体目标的实现提供强有力的支持。红色文化在社会组织中的广泛运用，增强了集体的凝聚力和执行力，使得组织成员能够在共同的理想与使命感驱动下，充分发挥个人的积极性和创造力，为社会的进步和发展贡献力量。

四、红色文化对社会责任感的培养

红色文化在培养社会责任感方面具有独特的优势，其通过思想政治教育能够有效增强公众的社会责任感，并对社会的稳定性起到重要作用。红色文化源于革命历史和民族精神的沉淀，其中蕴含的集体主义、爱国主义、无私奉献等价值观能够有效激励社会成员以积极的姿态投身于社会建设中。在思想政治教育过程中，红色文化通过各种教育形式深入人心，特别是在学校教育、社会宣传、影视作品等多种途径中不断传播和弘扬。这些红色文化元素与思想政治教育紧密结合，不仅传递着革命先辈的精神追求，还激发了公众对社会发展、民族命运的深刻认知，进而形成一种强烈的社会责任感。

红色文化倡导集体利益高于个人利益，这一价值观念通过思想政治教育被有效传递，促使公众在面对社会问题时能够将个人发展与社会整体利益有机结合。无论是在工作岗位上，还是在公共事务中，红色文化中传承的责任意识都引导着人们积极承担社会责任，推动社会进步。这种意识的培养不仅局限于个人行动层面，还体现在集体意识的形成中，使得整个社会更为团结有力。在当代社会，随着经济的快速发展和物质生活的提升，个体与集体利益之间的平衡往往面临挑战。而红色文化通过强化集体主义精神，使公众在追求个人发展时，能够时刻关注社会责任，从而维持社会的和谐与稳定。

红色文化中的革命精神和奋斗精神也是社会责任感培养的重要组成部分。这种精神在思想政治教育中成为激励公众为社会贡献力量的强大动力。红色文化传递的不畏艰难、勇敢斗争的精神，使得公众在面对社会困难时，能够展现出顽强的意志力和责任感。无论是在面对自然灾害、社会矛盾，还是在应对公共卫生危机等挑战时，红色文化通过思想政治教育传递的社会责任意识，促使人们积极投身到救援、援助和社会建设的工作中，为维护社会的稳定与发展作出贡献。红色文化中所倡导的无私奉献精神，也成为培养社会责任感的重要动力。革命时期无数先烈的英勇事迹不断通过教育传递给后人，成为社会成员学习的榜样，激励人们在面对公共利益时，能够放下个人得失，为社会的整体利益贡献自己的力量。此外，红色文化在推动社会责任感形成的过程中，也通过思想政治教育增强公众的法律意识和社会公德意识。红色文化强调遵守社会规则和法律法规的重要性，通过思想政治教育将这些观念深入人心，公众在社会生活中更加自觉地遵守法律，维护社会秩序，推动社会的法治化进程。同时，红色文化提倡的道德规范，如助人为乐、团结友爱等，也在思想政治教育中广泛传播，增强了社会成员之间的信任感和凝聚力。社会责任感不仅表现为对社会制度和规则的尊重，也体现为对他人的关怀和帮助。红色文化通过思想政治教育，塑造了公众心中深刻的道德责任感，使得社会成员在公共生活中能够自觉地关注他人的需求，并采取行动予以帮助，从而提升了社会的整体文明水平，进一步促进了社会的稳定与和谐。

红色文化通过思想政治教育，在社会责任感的培养中发挥了重要作用。它所传递的集体主义精神、无私奉献精神、革命奋斗精神等，成为增强公众社会责任意识的关键要素。在当今社会，红色文化依然具有强大的生命力，它通过教育、宣传等多种方式，不断引导公众将个人发展与社会责任相结合，为社会的和谐稳定奠定了坚实的基础。这一文化的力量不仅促进了个体社会责任感的形成，也为国家的长治久安提供了重要的思想保障。

第四节 红色文化对青少年思想政治教育的影响

一、红色文化在青少年思想教育中的地位

红色文化在青少年思想政治教育中占据着举足轻重的地位，它作为中华民族精神的重要组成部分，承载着深厚的历史内涵和思想力量。在现代社会背景下，青少年正处于世界观、人生观、价值观形成的关键时期，红色文化通过其独特的思想教育方式，对青少年的思想产生了深远的影响。红色文化不仅是对过去历史的铭记，更是一种积极向上的精神传承，它通过弘扬爱国主义、集体主义和社会主义核心价值观，为青少年思想的塑造提供了坚实的基础。

红色文化的传承与教育不局限于历史课本的讲述，它通过多种形式

融入青少年的日常生活和学习中。影视作品、文艺演出、参观纪念馆、社会实践活动等丰富的载体，使青少年能够更直观地感受到红色文化的精神力量。在这些活动中，青少年不仅能够学习到革命先辈的伟大事迹，更能感受到那种不畏艰难、敢于斗争的精神。这种通过实际体验的方式，使得红色文化在青少年心中留下深刻的印记，从而潜移默化地影响他们的思想与行为。

青少年的思想政治教育是一个循序渐进的过程，而红色文化的内容丰富且具有高度的思想性和教育性，它能够帮助青少年树立正确的价值观。在红色文化的引领下，青少年能够更好地理解国家与民族的奋斗历程，增强对社会责任感和历史使命感的认同感。通过对历史的追溯和反思，青少年能够从红色文化中汲取精神力量，形成对国家、对社会的责任意识，从而在面对未来的挑战时，具备更强的毅力与信心。

红色文化的教育在引导青少年认知社会、认同国家的过程中，具有不可替代的作用。它通过鲜活的历史事迹和伟大的精神感召，使青少年在潜移默化中认同中国的社会主义道路，认同中华民族伟大复兴目标。在日常生活中，青少年通过接受红色文化的熏陶，逐渐形成了积极的社会意识和正确的政治态度。这种认同不仅仅体现在课堂教育中，还体现在青少年的社会实践活动和日常行为中，使他们在社会中能够起到带头作用，成为社会主义建设中的重要力量。

红色文化的传播方式多样化，使得其在青少年思想政治教育中的影响更加深远。随着数字化技术的发展，互联网已经成为青少年获取信息的重要途径。在网络平台上，红色文化通过短视频、公众号文章、网络直播等多种形式进行传播，使青少年能够在他们熟悉和喜爱的媒介上，轻松接触到红色文化的内容。这种创新的传播方式，不仅提升了红色文化的传播效率，也增强了其对青少年群体的吸引力，使其成为思想政治教育中不可或缺的重要资源。

红色文化在青少年思想政治教育中的地位还体现在其对青少年精神

品质的培养上。在当今社会，青少年面临着来自学业、生活、情感等多方面的压力，而红色文化通过弘扬顽强奋斗、不畏艰难的精神，帮助青少年树立起勇敢面对挑战的积极心态。红色文化中的革命英雄人物所展现出的坚定信念和不屈精神，成为了青少年克服困难的榜样，使他们能够在挫折中依然保持乐观和向上的态度。这种精神层面的影响，使红色文化不仅仅是历史的记忆，更成为了当代青少年成长中的精神力量。因此，红色文化在青少年思想政治教育中的地位不可撼动。它不仅是青少年历史学习中的重要部分，更是在他们世界观、人生观和价值观形成过程中起到关键作用的思想资源。通过丰富多样的传播途径和创新的教育方式，红色文化不仅能够有效提升青少年的思想水平，还能在他们的精神世界中播下坚定信仰的种子，助力他们在未来的生活中成为国家的栋梁。

二、红色文化对青少年政治信仰的塑造

红色文化在塑造青少年政治信仰中具有深远的影响力。它承载了革命历史、英雄人物的事迹和国家的奋斗历程，具有强烈的政治价值观念与社会理想追求。这种文化通过教育和社会传播，深刻影响着青少年的认知和价值体系，成为培养青少年政治信仰的重要力量。在这一过程中，红色文化的渗透不仅依赖于学校教育的讲解和历史的回顾，也融入到家庭生活、社会活动和传媒环境中，形成多层次、多维度的文化影响力。

青少年正处于人生观、世界观和价值观塑造的关键阶段，他们的认知和信仰极易受到周围环境的影响。在这种背景下，红色文化凭借其深厚的历史积淀和丰富的教育内涵，为青少年提供了清晰的政治信仰导向。通过对红色文化的学习和接触，青少年能够理解国家的革命历史，感知民族的奋斗精神，从而形成对社会的认同感和归属感。革命英雄们的无私奉献和坚定的信念，往往能激励青少年树立远大的政治理想和强烈的爱国情怀，这为他们的政治信仰奠定了坚实的思想基础。

红色文化的有效性不仅体现在其内容的丰富性和思想的深刻性，还体现在它与现实生活的紧密关联。现代社会面临着多样化的思潮和复杂的社会环境，青少年容易受到外部信息的冲击和迷茫。红色文化通过其清晰的历史脉络和正义的社会理念，能够帮助青少年在复杂的社会现实中找到正确的价值指引。革命故事中的英勇事迹、艰苦卓绝的奋斗历程，以及为人民服务的思想理念，能够在潜移默化中引导青少年树立坚定的政治信仰，使他们明白个人理想与国家命运之间的紧密联系。

红色文化的传播和推广方式多样化，也是其塑造青少年政治信仰的重要途径。学校通过课程设计、红色文化活动和爱国主义教育，能够系统地向青少年传递红色文化的核心价值观念。同时，社会上的纪念活动、红色旅游景点以及现代化的传媒手段，如影视作品、纪录片、书籍等，都为青少年提供了接触红色文化的机会。这种多样化的传播形式不仅增加了红色文化的可见性和可接触性，还能通过生动的故事、视觉体验以及现代化的传播手段激发青少年的兴趣与共鸣，使其更易于接受和认同红色文化中的政治信仰。此外，红色文化在青少年的成长过程中还具有激励作用。在革命英雄们不畏艰险、坚持信仰的事迹中，青少年能够看到为理想而奋斗的力量，这种精神激励着他们在面对挫折和困境时，能够坚持自我、不断进取。这种精神力量不仅提升了青少年的思想境界，也增强了他们对政治信仰的坚定性，使他们在面对多样化的思想冲击时，能够保持清醒的头脑和坚定的立场。通过对革命先烈和英雄模范人物的了解，青少年能够从中汲取正能量，增强自身的责任感与使命感。

红色文化还具有社会整合的功能，帮助青少年在集体生活中找到自己的位置。通过参与各类红色文化活动，青少年能够加强与他人的互动，形成共同的信仰认同。这种共同的政治信仰在集体活动中不断得以强化，使青少年的个体意识逐渐转向集体意识，增强对社会的归属感和认同感，从而为其政治信仰的形成提供了强有力的支持。

红色文化在塑造青少年政治信仰方面的作用显而易见。它不仅通过历史的教育传递了强大的精神力量，还通过多样化的传播方式渗透到青少年的生活中，为他们的政治信仰奠定了基础。通过对红色文化的学习和感悟，青少年能够逐渐形成坚定的政治信仰，明确自己在社会中的责任与使命。红色文化的价值在于其长久的历史影响力和现实的指导作用，它不仅是对过去的回顾，更是对未来的指引。

三、红色文化与青少年社会责任意识的培养

红色文化在青少年社会责任意识的培养中具有深远的影响和重要意义。作为一种承载着民族精神、革命传统和集体主义价值观的文化形态，红色文化蕴含着丰富的历史经验和道德思想，这些内容为青少年的价值观塑造和社会责任感培育提供了强有力的思想资源。通过对红色文化的学习，青少年能够从中感悟到个人与国家、集体与社会之间的紧密联系，从而增强责任意识与社会使命感。

红色文化的传承过程中，革命精神和爱国情怀的弘扬在青少年社会责任感的培养中起到了关键作用。革命先辈们为了国家和人民的利益，抛头颅、洒热血的英勇事迹，通过学校教育、家庭教育以及社会实践活动广泛传递给青少年。这些精神不仅是历史的见证，也是现实生活中面对挑战时的精神动力。当青少年认识到先辈们曾经为实现国家独立、人民幸福所做出的牺牲和贡献时，他们能够更加深刻地理解个人责任与社会责任之间的关系，从而自觉承担起对社会的义务。

青少年时期是价值观和社会责任感形成的关键阶段，红色文化所蕴含的集体主义精神和团结协作理念为其提供了丰富的思想养分。通过红色文化的教育，青少年能够逐步理解到社会发展的每一步离不开集体的力量，个体在集体中发挥的作用对于社会的进步和繁荣至关重要。在此过程中，青少年不仅能够培养团队合作精神，还能增强对社会规则、社会秩序的认同感，进而培养积极参与社会事务、为社会发展贡献力量的责任感。

红色文化通过各种实践活动的开展，促进了青少年社会责任感的具体落实。学校和社会组织常常通过红色文化主题的活动，如参观革命历史纪念馆、参加爱国主义教育基地的志愿服务等，让青少年在体验式学习中感受到历史的厚重感和社会责任的迫切性。这种沉浸式的学习方式，不仅让他们直观感受到红色文化的精神内涵，更有助于将这种责任感内化为日常行为中的自觉意识。当他们在实际生活中主动承担起对家庭、社区和国家的责任时，这种社会责任感的培养便达到了良性循环的效果。此外，红色文化中的奉献精神和无私品德对青少年的社会责任感培养具有直接的启发作用。在革命历史的讲述中，那些舍己为人的英雄人物和为国家、民族无私奉献的先辈们，成为了青少年心中的道德榜样。他们的事迹激励着青少年在面对个人利益和集体利益、社会利益之间的选择时，能够更加倾向于做出对社会有益的决定。这种奉献精神的熏陶，使得青少年不仅具备了较高的社会责任意识，同时也增强了对社会公益活动的积极参与意识。在公益活动中，他们学会了关注社会问题，学会了为他人、为集体服务，从而逐步塑造出一种“我为人人，人人为我”的社会责任观念。

红色文化的学习与传承不仅仅是一种知识上的积累，更是一种精神力量的传递。在现代社会中，青少年所面对的社会问题日益复杂，通过红色文化的熏陶，他们能够获得更多的精神动力和思想指引。在国家建设和社会发展的道路上，青少年肩负着重要的责任和使命，他们需要具备坚实的责任意识来面对各种挑战。而红色文化所传递的坚韧不拔、勇于担当的精神，恰恰为青少年的责任意识培养提供了强有力的支持。

青少年是国家的未来和希望，他们社会责任感的高低，直接关系到国家和社会的长远发展。红色文化通过教育、实践和榜样的力量，深刻影响着青少年的价值观念和责任意识。通过这种文化的滋养，青少年能够在成长过程中逐步形成正确的责任观，树立服务社会、奉献国家的意识，进而为社会的和谐发展和国家的繁荣贡献自己的力量。

四、红色文化对青少年爱国主义教育的影响

红色文化作为中国革命与建设的重要精神财富，在青少年爱国主义教育中发挥了独特的作用。通过红色文化的传播，青少年能够深入了解国家的历史进程，感受到革命精神和国家建设过程中所凝聚的力量。红色文化以其独特的形式和内容，为青少年提供了丰富的历史经验和精神指引，促进了他们对国家认同感和历史使命感的形成。

在红色文化的影响下，青少年能够感受到国家为独立、解放和建设付出的巨大努力，这种认知不仅强化了他们对国家的情感联结，也提升了他们的社会责任意识和集体意识。通过学习红色文化中的英雄事迹、伟大精神以及集体主义价值观，青少年会从中汲取力量，树立积极向上的人生观和价值观，逐渐培养出高度的民族自豪感和使命感。

红色文化在青少年爱国主义教育中的一个关键作用是塑造青少年对国家的忠诚与热爱。历史中的革命人物和事件让青少年明白国家发展所经历的艰难历程，使他们更加珍惜今天的幸福生活。这种历史教育不仅让青少年了解国家的过去，也让他们更加坚定地认为，国家的未来需要他们共同的努力来实现。在这种情感熏陶下，青少年逐渐内化了对国家的责任感，愿意为国家的发展贡献自己的力量。

通过学校、家庭和社会的共同教育，红色文化能够系统性地进入青少年的日常生活。在课堂教学中，教师可以利用红色经典作品、革命史实等多种方式引导学生思考国家发展的方向，体会爱国主义精神的深刻内涵。这种系统的学习和浸染，促使青少年不仅在感性层面上认同国家，也在理性层面上理解国家政策与发展的必要性。这种双重认同的形成，使得青少年对国家的未来充满信心。

红色文化不仅仅是历史的记载，它在今天的社会中依然具有现实意义。它的教育功能不局限于回顾过去的光辉岁月，还通过不断创新的形式和途径，适应现代青少年的认知方式，使他们在多元文化的冲击下，

能够坚定自身的文化立场。通过影视作品、数字媒体等新兴平台，红色文化以更加直观、生动的形式影响着青少年，使得爱国主义教育更具亲和力和吸引力。这种形式上的创新，增强了青少年对红色文化的感知与共鸣，进而促进了爱国主义精神在新一代中的传承。

红色文化中的爱国主义精神不仅能激发青少年的民族自豪感，还能有效培养他们的社会责任感。在红色文化的浸润下，青少年逐渐认识到个人与国家、社会的紧密联系，懂得个人的成长与国家的繁荣密不可分。由此，他们更加愿意承担起国家赋予的责任，在学习与生活中体现出积极的社会参与意识。他们会更加注重集体利益，努力为社会进步作出贡献，这种精神在他们的思想发展中具有重要的推动作用。

青少年处于人生观、价值观形成的关键阶段，红色文化中的英雄主义、集体主义精神能够帮助他们树立正确的三观。通过对历史事件和革命精神的深入理解，青少年能够更清楚地认识到坚持与奋斗的重要性，懂得国家的强大需要每一个人的共同努力。这种思想上的启迪和影响，将使他们更加坚定地走在追求进步和实现梦想的道路上。同时，红色文化中的爱国主义精神也将使他们在未来面对各种挑战时，更加自信和坚毅。

第四章

红色文化的社会影响力与思想政治教育

本章探讨了红色文化与社会主义核心价值观的结合，分析了其对公众思想的积极影响。红色文化不仅通过历史的传承和教育的推广影响社会各界，还在社会组织和公共文化设施中得到广泛传播。其强大的思想引导功能在促进社会和谐、提升公民思想道德水平和强化社会责任感方面发挥着重要作用，为社会的发展提供了强大的文化和思想支撑。

第一节　红色文化与社会主义核心价值观的结合

一、红色文化在社会主义核心价值观体系中的地位

红色文化在社会主义核心价值观体系中的地位不可忽视，它不仅是历史传承的文化遗产，更是现代社会构建核心价值观的重要基石。红色文化源于中国革命和社会主义建设的伟大实践，其内涵深厚、精神强大，反映了中国人民追求独立、自由、公平与正义的坚定信念。作为社会主义核心价值观的重要组成部分，红色文化通过一系列价值观念和精神传递，不断巩固主流社会价值观，成为推动社会进步和国家繁荣的精神力量。

红色文化的核心在于爱国主义、集体主义和社会主义，这些理念贯

穿于革命斗争、社会主义建设以及新时代中国特色社会主义的发展进程中。红色文化体现的价值观念不仅塑造了国家的基本政治制度，也深刻影响着人们的思想观念和社会行为。通过红色文化的传播，社会成员得以更加坚定对国家、民族的认同感和归属感。红色文化通过教育、媒体、文艺作品等多种渠道，渗透到社会的各个层面，成为人们生活和工作中的精神支柱。

在社会主义核心价值观体系中，红色文化的地位主要体现在其对于社会正义、公平、奋斗精神等价值观的塑造和强化。红色文化以其独特的历史背景和文化底蕴，展现了中国共产党领导下的人民群众为实现民族独立和解放所付出的巨大牺牲与艰辛努力。这种精神传承不断激励着人们在新时代继续为国家的繁荣富强和社会的进步而奋斗，形成了社会主义核心价值观中的爱国、敬业、诚信、友善等具体价值观念。通过对红色文化的不断弘扬，这些价值观念深入人心，成为全社会共同遵循的道德准则和行为规范。

红色文化的传播不仅仅停留在历史的层面，而是通过不断的现代化阐释与创新，融入当代社会的核心价值观体系中。在改革开放和现代化建设的背景下，红色文化通过不断与时代发展相结合，焕发出新的生命力。红色文化中的奋斗精神、无私奉献精神以及集体主义精神，始终引导着社会成员在追求个人利益的同时，注重集体利益和社会责任。这种价值观的引导，不仅有助于提升全社会的道德水平，也为国家的发展和社会的和谐稳定提供了强大的精神动力。

红色文化的思想内涵还通过社会制度的建设和完善，进一步巩固了主流社会价值观的地位。在社会主义建设过程中，红色文化的核心理念为国家的各项政策和制度提供了思想基础和价值导向。社会保障制度的建立和完善，体现了红色文化中强调社会公平和共同富裕的思想；教育制度的改革和发展，则反映了红色文化中对于知识、奋斗精神的推崇。通过这些具体的制度建设，红色文化的价值观念得到了具体落实，并通过社会实践不断深化和巩固。

红色文化的传承与创新不仅依赖于制度建设，更依赖于全社会的共同参与。红色文化通过社会教育、学校教育、家庭教育等多种途径，渗透到每一个社会成员的日常生活中。在学校教育中，红色文化被融入到思想政治课程中，成为青少年思想道德教育的重要组成部分。通过对革命历史的学习和革命精神的传承，青少年群体逐渐树立起正确的价值观和人生观，增强了对国家和民族的责任感和使命感。同时，红色文化也通过社会宣传、文化活动、文艺作品等形式，进一步传播和弘扬，成为社会成员共同遵循的价值标准和行为准则。

随着时代的进步和社会的发展，红色文化作为社会主义核心价值观的重要组成部分，不仅为国家的发展和社会的进步提供了强大的精神动力，也为社会成员的个人发展和道德提升提供了价值导向。通过对红色文化的不断传承和弘扬，社会主义核心价值观的基础得以巩固，社会的道德水准得以提升，国家的凝聚力和向心力得以增强。在新时代，红色文化将继续作为社会主义核心价值观的重要组成部分，引领全社会向着更加美好的未来不断迈进。

二、红色文化对核心价值观的引领功能

红色文化作为一种具有深厚历史积淀和鲜明时代特征的精神力量，在当代社会中承载着重要的教育功能，尤其在核心价值观的引领上起到了不可替代的作用。它不仅来源于中国革命的伟大实践，还深深植根于中华民族的历史文化传统，展现出与现代社会高度契合的价值追求。红色文化的精神内涵，诸如坚定的理想信念、勇敢的奋斗精神、坚韧的品格以及无私奉献的道德观，为当代社会的核心价值观提供了强大的思想资源和精神动力。

红色文化通过讲述革命先辈的光辉历程，激发人们对国家命运的关注与认同感。它将民族独立、国家富强、人民幸福等价值目标与社会主

义核心价值观紧密结合，使爱国主义、集体主义、社会主义理想等精神元素在社会意识中得到不断强化。在红色文化的熏陶下，个人的价值观与社会的价值体系形成共鸣，个人的奋斗目标与国家的繁荣发展产生内在联系。这种共鸣与联系不仅有助于塑造社会的整体价值导向，还促使社会成员在思想观念上形成普遍共识，从而推动整个社会的和谐稳定发展。

红色文化还在传承过程中，通过生动的历史记忆与集体经验，将道德理想内化为社会成员的日常行为准则。它所传播的自强不息、勇于担当等精神品质，不仅展现了中华民族百折不挠的奋斗意志，也为构建当代社会的公正、和谐氛围提供了有力的道德支撑。在核心价值观的形成和传播过程中，红色文化所蕴含的崇高精神境界，能够有效地引导社会成员树立正确的世界观、人生观、价值观，形成高度自觉的道德意识。这种意识在社会交往中表现为团结友爱、诚实守信、敬业奉献等具体行为，有助于塑造良好的社会风尚，提升社会整体道德水平。

红色文化还通过对历史的反思和革命精神的传承，激发出社会成员的历史责任感与使命感。它强调个人对国家和民族的贡献，倡导个人利益服从集体利益、社会利益。这样的价值导向在现代社会变革与发展的过程中，极大地鼓舞了人们的斗志，使人们在面对困难和挑战时，能够保持坚韧不拔的信念和拼搏进取的精神。这种精神不仅有助于提升社会整体的凝聚力和向心力，也为社会成员在现代化建设中贡献智慧和力量提供了持续的思想动力。

红色文化在推动社会价值取向的过程中，还起到了重要的传承与创新作用。它既继承了中华民族的优秀传统文化，又与时代精神相结合，为核心价值观的现代化提供了丰富的文化资源。在全球化的背景下，红色文化通过不断创新和发展，成功地将社会主义核心价值观的内容与形式进行有机融合，使其在多元文化的冲击中保持了强大的生命力和感召力。通过教育、宣传等多种形式的传递，红色文化逐渐成为了现代社会凝聚共识、引领价值取向的重要媒介。在这个过程中，红色文化所倡导的平等、自由、公正等理念，成为了社会成员追求美好生活的重要精神引导。同时，红色文化在引领核心价值观的过程中，起到了整合社会资源、推动社会进步的积极作用。它不仅是社会价值体系的重要组成部分，也是国家文化软实力的体现。通过广泛的社会宣传和深入的教育普及，红色文化所承载的核心价值观深入人心，成为社会成员共识性价值观的重要来源。这种共识不仅体现在人们的日常生活和社会行为中，还对社会发展趋势产生了影响。无论是在国家政策的制定与实施，还是在社会公共事业的发展与建设中，红色文化的引领作用都为社会提供了稳定的价值基础和坚实的精神动力。

红色文化通过其丰富的历史内涵与革命精神的传承，深刻影响着当代社会主义核心价值观的形成与发展。它不仅为社会共识的达成提供了重要的思想基础，还通过积极的文化传递与教育实践，推动着社会价值取向的不断优化。在这个过程中，红色文化所蕴含的思想理念、精神追求与道德规范，不仅增强了社会成员的思想认同感和价值归属感，也为社会主义核心价值观在现代社会中的进一步传播和落实奠定了坚实的基础。

三、红色文化与个人价值观的融合机制

红色文化在个人价值观的形成与发展过程中，具有深远的影响。它不仅是一种历史传承的文化力量，更是社会主义核心价值观的重要载体，通过独特的思想渗透与教育功能，对个体的价值观念塑造产生积极作用。红色文化中蕴含的思想内核，如爱国主义、集体主义和无私奉献精神，直接影响着个人价值观的走向。这些核心价值观通过文化传播、教育培训以及社会活动，逐步内化为个体的思想信仰，并与社会主流价值观实现高度融合。

在个体价值观的形成阶段，红色文化通过社会化过程发挥着重要作

用。学校、家庭和社会各个层面共同作用，使红色文化的核心理念潜移默化地渗透到个人的认知与行为模式中。社会主义核心价值观本身就是基于对红色文化精神的提炼和升华，因此当个人通过学习和实践深入理解这些文化要素时，他们的个人价值观逐步向社会的核心方向靠拢。红色文化强调的集体主义精神不仅让个体认识到个人与集体利益之间的密切联系，也引导他们在面对社会责任和道德选择时，更加倾向于将国家利益与集体利益置于个人利益之上。这种认知的转变，不仅强化了个人对社会主义核心价值观的认同，也促使个人自觉承担社会责任。

红色文化中的英雄主义精神为个人价值观提供了明确的导向。英雄人物的事迹通过文学、影视和教育传播，成为个人心中崇高的价值标杆。这些人物不计个人得失、为国家和人民利益奋斗的精神，深深影响着个人对自我价值的定位和社会责任的认知。这种文化力量在个体价值观形成的过程中不仅提供了强烈的正向引导，也让个体在自我塑造的过程中有了明确的参照系。当个体在实际生活中遇到道德抉择和社会责任的考验时，这种内化的红色文化价值观会起到潜移默化的指导作用，使个人的选择趋向于符合社会的主流价值观。

红色文化的传播不仅局限于书本和课堂，它在社会实践中的表现形式更加生动和丰富。通过革命纪念活动、红色旅游、文艺演出等方式，红色文化的核心价值观得以广泛传播和深入人心。个人在参与这些活动的过程中，逐渐从被动接受者转变为主动实践者，在这种社会化的过程中，个人价值观与社会主义核心价值观的融合变得更加自然和紧密。这种文化实践不仅加深了个人对红色文化的认知和理解，也让个人在亲身参与中体验到这种价值观的实际意义，从而实现个人价值观与社会主义核心价值观的同步发展。

红色文化对个人价值观的影响，还表现在它能够引导个人形成正确的世界观、人生观和道德观。红色文化通过历史事件的回顾、革命精神的弘扬以及英雄事迹的歌颂，使个体在理解历史和现实的过程中树立起正确的历史观与现实观。通过红色文化的熏陶，个人逐渐理解社会发展背后的深层次动力，认识到自己在社会发展中的责任与义务。这种认知不仅增强了个人的社会责任感，也让个人的价值观在潜移默化中与社会主义核心价值观形成了契合。个体在这种认知的基础上，逐步建立起明确的社会责任意识，形成积极的社会行为模式。

红色文化的核心价值观与个人价值观的融合机制，还表现在它所蕴含的道德教育功能中。红色文化强调的无私奉献、艰苦奋斗等传统美德，通过多种途径在个体价值观中得以体现。这些美德通过教育、社会宣传等方式，被不断注入个体的价值体系中，促使个体在生活与工作中表现出积极的社会态度和高尚的道德品质。红色文化不仅在情感层面上激励着个人，更通过实践层面上的引导，使个体的价值观更加符合社会的道德规范和核心价值观的要求。

红色文化的传承与发展并非一成不变，它在与时俱进的过程中不断适应现代社会的需求，并通过创新的方式影响着当代人的价值观。随着科技的发展和社会的进步，红色文化在新的时代背景下通过网络、影视、文学等形式，以更为贴近现代生活的方式，继续发挥着它的价值观引导作用。个人在接触这些多样化的文化形式时，逐渐在潜移默化中实现了个人价值观与社会主义核心价值观的融合。社会主义核心价值观通过红色文化的传递，在个体的思想观念中生根发芽，并在个人的生活实践中得到延续和体现。

四、社会主义核心价值观通过红色文化的传播与深化

红色文化作为中国社会的重要精神财富，具备深厚的历史积淀与文化底蕴，是国家核心价值观的重要载体。通过红色文化的传播与深化，社会主义核心价值观得以在多层次、多渠道的广泛实践中逐步巩固。红色文化承载了中国人民在革命、建设和改革中的精神力量，具有跨越时间与地域的影响力。它通过文化、教育、社会活动等不同途径，融入社

会发展的各个环节，在不同时代背景下发挥着凝聚力量、引领方向的作用。

红色文化在核心价值观的传播与深化过程中，起到了启蒙和教育作用。它所包含的历史故事和英勇人物，不仅塑造了民族精神，也为现代社会的价值观念提供了鲜明的榜样和参照。通过文化活动、纪念馆、博物馆等文化设施，红色文化被广泛传播，深化了社会大众对国家认同感和社会责任感的理解。每当社会进入新的发展阶段，这些文化资源都会以适应时代的方式继续发挥作用，使社会主流价值观在红色文化的传播中更加深入人心。通过这一过程，国家的社会主义核心价值观如爱国、敬业、诚信、友善等，得以在社会各层面广泛传播和实践。

红色文化的传播不仅局限于传统的文化渠道，还通过现代媒介和技术平台进入社会生活的方方面面。数字时代的到来为红色文化的传播提供了更为广阔的空间，使其能够通过网络、移动设备和多媒体形式，以更加灵活的方式进入人们的生活。通过影视作品、文艺创作、互联网平台，红色文化得以在年轻一代中获得新的解读和理解，这不仅使其焕发了新的活力，还使核心价值观的传播方式更具时代感和互动性。新一代的公众不仅是红色文化的接受者，也逐渐成为了传播者，参与到这一文化的继承和创新中。社会主义核心价值观通过这些渠道得以不断深化，并在社会实践中展现出更为强大的影响力。

在教育领域，红色文化与核心价值观的结合为思想教育提供了有力的支持。教育系统通过课堂教学、课外活动、社会实践等多种形式，将红色文化与核心价值观有机结合，使得社会主义核心价值观从学生阶段开始便能够得到潜移默化的传播与认同。教师在教育过程中发挥着重要的引导作用，他们通过对红色文化的深入解读与传播，帮助学生理解红色文化背后所蕴含的价值观念和道德准则。红色文化不仅是一种知识传授的内容，更是一种精神与价值的传承，使得学生能够从小树立正确的人生观、价值观和世界观。这样，核心价值观的传播不仅限于课堂，还通过教育活动延展到整个社会层面，使其在实践中不断深化。此外，红色文化在社会活动与公众文化生活中的广泛参与，也为核心价值观的传播创造了良好的氛围。各类社会文化活动，如红色旅游、纪念活动、文化节庆等，都以生动的形式传递着红色文化的精神内核，使公众在参与中接受核心价值观的熏陶。这些活动不仅是一种文化娱乐的形式，更是一种社会价值的强化。通过对革命历史的回顾与缅怀，社会成员的认同感与使命感得以增强，国家的核心价值观通过这些社会文化活动渗透到日常生活的各个方面。

红色文化还通过社会舆论与公共宣传渠道对核心价值观的传播产生了积极影响。在主流媒体、网络平台、公共宣传栏等公共空间，红色文化的传播为核心价值观的推广提供了强大的舆论支持。媒体作为重要的社会传播工具，承担着塑造社会意识和传播价值观的重要责任。通过对红色文化的报道与宣传，主流媒体引导社会舆论朝向积极健康的方向发展，促使核心价值观在全社会范围内逐步形成广泛共识。在这个过程中，红色文化所代表的历史责任感与道德使命感，得以在现代社会中持续延续和发扬光大。

红色文化与核心价值观的传播并不仅仅依赖于形式上的宣讲和传播，更重要的是通过社会实践与行动，将其内化为人们的行为准则和生活态度。社会各界的实践活动，如志愿服务、社区活动等，都以红色文化为指引，将爱国主义、集体主义等核心价值观融入到社会的具体行动中。人们在参与社会活动的过程中，逐步认同和践行这些价值观，使其不仅成为一种思想层面的认知，更成为社会行为的规范与标准。

通过多种形式的传播与深化，红色文化中的核心价值观在社会各层次得以深入人心，成为了社会共识与行动指南的一部分。在未来，随着社会的不断发展与进步，红色文化在核心价值观传播中的作用将继续发挥，推动着整个社会在价值观念和精神层面的持续提升。红色文化不仅是一种历史的回溯，它更是一种面向未来的精神动力，指引着社会成员在追求国家富强、社会进步的道路上不断前行。

第二节 红色文化对公众思想的积极影响

一、红色文化对公众思想的正向引导

红色文化作为中国革命历史的精神瑰宝，不仅是中国近现代社会发展的核心文化遗产，也是影响公众思想的重要力量之一。通过深厚的历史背景和丰富的文化内涵，红色文化对公众思想的正向引导起到了不可忽视的作用。它通过各种形式的教育、宣传和文化活动，塑造了人民群众的集体意识和价值观，并在社会进步的过程中，持续发挥着积极作用。

红色文化通过历史教育，使公众得以深刻了解革命历程中的英雄事迹和伟大精神。在学校和社会的各类历史教育活动中，红色文化的传播不仅激发了人们对先烈的尊重与崇敬，还使公众从这些革命历史中汲取到不屈不挠的奋斗精神。这种精神不断强化着个人的责任意识和社会担当，引导人们在现实生活中勇敢面对挑战，努力为社会的和谐与发展作出贡献。通过历史教育，人们学会用积极的态度面对困难，增强了团结协作的意识，也培养了追求正义与和平的共同价值观。

红色文化以文化活动的形式，将革命精神融入到公众的日常生活中。各类纪念活动、文艺表演、展览等形式的文化传播，不仅加深了公众对红色文化的认知，还通过这些活动潜移默化地影响公众的思想。文艺作品中的红色元素，往往充满了坚韧、勇敢、无私奉献的精神内核，这些作品向人们传递出一种强烈的爱国情怀和历史使命感。通过丰富多彩的文化活动，公众在潜移默化中接受了红色文化的思想洗礼，这种洗礼不仅在精神层面塑造了个人的价值取向，还进一步加强了社会的凝聚力。此外，红色文化在现代社会的传播过程中，也通过各种现代传媒渠道广泛深入到社会的各个角落。电视、电影、书籍、报刊等媒体以丰富多样的方式传递着红色文化的思想，互联网等新兴媒体平台也通过互动性和多样化的传播手段，让公众能够更直接地接触和了解红色文化的内涵。这种媒介传播使红色文化得以在不同社会阶层、不同年龄段的公众中得到广泛接受。在这些渠道的支持下，红色文化的正向引导力不仅局限于特定的历史纪念日或活动中，而是成为了公众日常生活的一部分。现代传媒不仅让红色文化的思想内容更具时代性，也增强了它与当代社会的契合度。

红色文化对公众思想的正向引导还体现在它对个人与社会关系的认知引导上。通过对红色文化的学习与接受，公众逐渐形成了集体主义价值观，这种价值观鼓励个体将自身的努力与国家的前途命运紧密相连，强化了个体对社会的责任感与使命感。在个人发展与国家利益的互动中，红色文化塑造了个人对国家与社会的忠诚度，倡导共同奋斗的信念，推动了社会的和谐与稳定发展。人们在接受红色文化教育的过程中，不仅增强了对自身历史文化的认同感，还在潜移默化中形成了对未来社会发展的共识和向往。

红色文化在对公众思想正向引导的过程中，所起的另一个重要作用是它的思想启迪功能。通过对红色文化中包含的思想精髓的学习，公众能够更加清晰地认识到坚持核心价值观的重要性。这种思想启迪作用，帮助人们在快速变化的社会环境中保持坚定的信念，不盲从、不迷失，而是通过深入理解红色文化中的核心精神，找到自我与社会的最佳契合点。在红色文化的引导下，公众的思想变得更加积极、理性，并且具有了更强的独立思考能力，这在当今复杂多变的社会环境中，显得尤为宝贵。

红色文化通过历史教育、文化活动和现代传媒等多种渠道，对公众思想进行了正向的引导。它不仅唤醒了公众对历史的记忆和敬仰，还通过丰富的精神内涵影响着人们的思想行为。红色文化所传递的价值观念，与当今社会的进步需求相契合，成为了塑造公众思想、引领社会风尚的重要力量。在红色文化的正向引导下，公众的思想更加积极向上，社会的整体价值观更加统一与坚定，这无疑为国家的长远发展和社会的稳定奠定了坚实的思想基础。

二、红色文化在强化社会凝聚力中的思想影响

红色文化在社会凝聚力的塑造中扮演着深远的思想引领作用，通过价值观的传承和引导，为社会的团结提供了强有力的思想基础。它在塑造社会共同体意识方面展现出独特的魅力，使得人们能够在共同的历史记忆和理想信念中凝聚力量，从而实现社会的共同奋斗目标。红色文化蕴含的核心价值观，不仅是历史的传承，更是对当代社会进步和发展的激励。这些价值观包括爱国主义、集体主义、艰苦奋斗的精神，它们对社会成员的行为和思想产生着持久的影响力，激发人们共同为国家和社会的长远利益而努力。

红色文化通过价值观的传播，引导社会成员形成正确的世界观、人生观和价值观。在这个过程中，红色文化不仅是一种历史的回顾，更是一种思想的塑造力量，它使得个体与社会之间的关系更加紧密。社会的凝聚力在很大程度上依赖于成员之间的信任、理解和共识，而红色文化通过广泛的思想传播和精神教育，能够让人们在认同感中找到归属感。这种认同感并不是单一的个人认同，而是基于国家和民族的共同目标，是在历史积淀中形成的强大思想共鸣。这种共鸣不仅仅停留在思想层面，还转化为个体的实际行动，使得社会在面临重大挑战时能够展现出高度的团结与协作。

在红色文化的影响下，个人的理想和社会的集体目标能够有效结合，形成了一种集体认同感。这种认同感体现在对共同事业的信仰中，推动着社会各阶层的成员在共同的愿景下协同努力。红色文化中的理想信念使得社会成员在面对困难和挑战时，能够拥有强大的心理韧性和精神动力，而这种动力则是增强社会凝聚力的重要源泉。当社会成员拥有共同

的价值观念和理想信念时，社会内部的矛盾与分歧能够通过积极的沟通和协调得以化解，从而形成和谐、稳定的社会环境。此外，红色文化还通过历史教育和文化传播，在社会中建立了深厚的文化认同感。红色文化不仅仅是历史事件的记载，更是社会成员集体记忆的凝聚。通过对红色文化的传承与弘扬，社会成员能够不断加深对共同历史的理解和认同。这种历史认同感不仅增强了社会的凝聚力，也为社会成员在面对未来的挑战时提供了强大的精神动力。社会成员通过对红色文化的认知，能够在复杂多变的社会环境中保持稳定的思想立场，从而更好地推动社会的进步与发展。

在全球化背景下，红色文化作为一种具有中国特色的文化符号，不仅在国内发挥着重要的凝聚作用，也在国际舞台上展示着强大的文化软实力。它通过对价值观的宣传和引导，使得社会成员在面对外部文化的冲击和挑战时，能够保持高度的文化自信。文化自信不仅是一种对自身文化的认同感，更是一种对社会未来发展的信心。这种信心使得社会成员在面对外部环境的变化时，能够更加团结一致，共同应对挑战，从而进一步增强了社会的凝聚力。

在当今社会转型和发展的过程中，红色文化所蕴含的集体主义精神和国家认同感，依然发挥着不可替代的作用。它通过思想传播和文化教育，使得社会成员在面对多元化的价值观念时，能够保持清醒的思想立场，避免因价值观的冲突而导致社会的分裂。红色文化通过价值观的引导，培养了社会成员的责任感和使命感，使得他们在面对社会责任时，能够自觉地为社会的共同利益而努力。这种责任感不仅体现为对个人行为的约束，更是一种对社会整体的关怀和奉献精神的体现。

在当今复杂的国际形势和社会环境中，红色文化通过其独特的思想影响力，增强了社会的团结与凝聚力。它通过历史的传承与精神的弘扬，将社会成员的思想与行动统一在共同的目标和理想之下。红色文化所传递的精神信念，不仅塑造了社会的共同价值观，也为社会的长远发展奠定了坚实的思想基础。

三、红色文化对社会群体思想建设的贡献

红色文化作为一种独特的历史和文化现象，其思想内涵在不同时代、不同社会群体中起到了思想引领和精神塑造的关键作用。通过广泛传播红色文化所蕴含的革命精神、民族精神和社会责任意识，红色文化为社会群体提供了一个思想的坐标系，将个人的命运与国家的发展、民族的振兴紧密结合起来。在这一过程中，红色文化不仅强化了群体意识和社会认同感，还对个体的思想塑造产生了深远的影响。

在青年群体中，红色文化以其革命性的内容和不懈追求公平、正义的精神激励着一代又一代的年轻人。青年的思想处于快速发展的阶段，他们渴望探索新的思想和价值观，而红色文化中的奋斗精神、无畏牺牲的品格以及为社会贡献的强烈使命感，正好为他们提供了思想启迪和精神引领。青年在接受红色文化的过程中，逐渐形成了对历史责任的理解和对社会正义的追求。这种思想的熏陶，帮助他们在面对现代社会多元价值观冲击时，能够坚守道德底线，明确个人的奋斗方向，进而推动个人与社会共同进步。红色文化通过培养青年的理想信念，塑造了他们的社会责任感和家国情怀，使他们能够以更为积极的心态参与社会事务，成为推动社会进步的重要力量。

工人作为社会生产力的核心群体，同样在红色文化的浸润下形成了独特的思想意识。红色文化强调劳动的尊严和工人阶级的历史使命，这一思想在工人群体中产生了广泛的共鸣。红色文化所倡导的集体主义、无私奉献的精神，引导工人群体在生产劳动中实现自我价值，并在劳动过程中感受到为国家和社会发展的重要性。红色文化鼓励工人们超越个人利益，追求集体的进步与社会的公平正义，这使得工人群体在社会变革中表现出了极高的凝聚力和责任感。通过对红色文化的认同，工人群体逐渐形成了共同的价值观念，并在工作和生活中践行这些价值观，从

而推动了整个社会的稳定与发展。此外，红色文化在社会其他群体中也具有深远的思想引导作用。无论是农民、知识分子还是其他社会群体，红色文化通过其所传达的奋斗精神和无畏的革命意志，影响了他们的思维方式和行为选择。农民在接受红色文化的过程中，逐渐认识到集体力量和组织的重要性，增强了他们的主人翁意识。知识分子则从红色文化中汲取了对社会责任的认知，推动他们积极参与国家的建设与发展。而其他社会群体，则在红色文化的激励下，找到了自身的历史使命和社会定位，进一步加强了对国家的归属感和责任感。

在现代社会，红色文化的思想引领作用依然具有不可忽视的现实意义。在全球化、多元化和信息化的时代背景下，社会群体面临着思想多元化和价值观分化的挑战。红色文化通过其历史积淀和思想张力，仍然能够为社会群体提供一个稳定的思想参照系，使他们能够在多变的社会环境中找到精神依托。红色文化所倡导的团结、奉献、进步的精神，能够帮助社会群体抵御过度个人主义、消费主义等思潮的侵蚀，保持思想上的独立性和坚定性。

红色文化还通过各类社会教育和宣传活动，在社会群体中传递积极的社会价值观。无论是通过传统的课堂教育，还是通过现代化的网络平台，红色文化的传播渠道日益丰富，为不同社会群体的思想建设提供了更加多元和灵活的方式。通过这些方式，红色文化继续发挥着思想启蒙和价值引导的作用，引导社会群体树立正确的价值观，增强社会的凝聚力和向心力。

红色文化不仅是中国历史发展进程中的重要文化遗产，也是现代社会思想建设的重要资源。它在不同社会群体中通过思想引领和价值观塑造，发挥了重要的社会功能。红色文化通过其精神内涵，使社会群体在各自的历史阶段和社会环境中都能够找到思想上的依托和前进的动力。这种思想的影响不仅局限于历史层面，更在现代社会中不断被赋予新的内涵，继续为社会的思想建设提供源源不断的力量。这种文化的思想引领作用，不仅是对过去的缅怀和传承，更是在当下和未来为社会进步和人民幸福奠定思想基础。

四、红色文化在社会思潮多元化背景下的思想作用

红色文化在当代多元化思潮的冲击下，依然展现出独特的思想影响力。这种文化源于中国革命斗争的历史积淀，蕴含着丰富的思想资源和强烈的精神力量。在全球化、多元化的社会背景中，红色文化在塑造社会主流意识形态、维护国家意识形态安全以及抵御各种思潮侵袭方面，发挥着不可替代的思想作用。

首先，红色文化在思想传承中强调核心价值观的坚定性。这些核心价值观，如社会主义的平等、公正、共同富裕等，在当代社会依旧具有强大的号召力。在面对来自西方个人主义、消费主义等多元化思潮的挑战时，红色文化提供了一个坚实的价值基础，使得社会成员在面对多样化价值观时，能够始终保持对国家发展方向的信心和认同。这种思想作用不仅在社会稳定中扮演着重要角色，也在引导社会思潮向着正向、积极的方向发展，防止多元化思潮对社会秩序和价值体系的侵蚀。其次，红色文化的思想作用体现在其凝聚社会共识的能力上。在多元化社会中，不同的文化背景、社会阶层、经济利益都会产生不同的思想意识，而红色文化以其强大的包容性和广泛的历史基础，为社会提供了一个共同的精神纽带。这种纽带超越了个体差异，使得社会成员在面对各种复杂局势时，依旧能够保持对国家整体利益的关切与认同。通过红色文化的传承与弘扬，社会主流意识形态得以巩固，而这也是确保社会和谐与团结的重要保障。

红色文化的思想作用还体现在其强烈的时代适应性上。尽管红色文化起源于革命年代，但其核心思想与当代社会的现实需求紧密相连。通过不断与现代社会的实际情况结合，红色文化展现出鲜明的时代感，并在新的社会条件下找到继续发挥作用的契机。在多元化思潮中，红色文

化并未被边缘化，反而通过创新的形式，融入到各类社会活动、教育体系和公共传播渠道中。正是这种与时俱进的特质，使得红色文化始终保持着思想上的活力，并成为抵御多元化思潮冲击的有力工具。此外，红色文化在思想领域中的另一重要作用，是其对年轻一代的思想引领。在多元化思潮的背景下，年轻一代往往面临着多种价值选择的困惑和挑战，容易受到外来思想的冲击。红色文化通过历史故事的教育、英雄人物的榜样作用，强化了年轻一代对国家历史和社会发展的认同感。这种思想引领不仅帮助年轻一代树立正确的价值观，也增强了他们对社会责任感和历史使命感的理解，从而在思想上形成对主流意识形态的坚定支持。红色文化通过这一代代相传的方式，不断夯实社会的思想基础，使得主流意识形态在多元化的思潮中依旧占据主导地位。

红色文化在思想上的作用还表现在对社会成员思想深处的启迪和塑造上。红色文化通过对历史的回顾和精神的弘扬，唤起了社会成员对国家历史的深刻反思以及对未来发展的积极参与感。它不仅是过去辉煌成就的总结，更是面向未来的思想武器。在当代社会多元化思潮的冲击下，红色文化通过一系列思想教育和文化传播方式，将其蕴含的精神力量传递给社会的每一个成员，帮助他们在思想上保持清醒和坚定。这种思想作用为社会的发展提供了强大的精神支持，也为国家在多变的国际环境中保持稳定和自信提供了思想保障。

红色文化不仅在国内有着广泛的思想影响力，也在国际舞台上展现出其思想的独特魅力。在全球化进程加速的背景下，红色文化通过各种形式走向世界，并在与其他国家的文化交流中展现出自身的独特思想资源。这种跨文化的思想传播，进一步丰富了红色文化的内涵，使其在全球化的语境下继续保持思想上的引领作用。红色文化的思想魅力不仅体现在其对国内社会的影响力上，也体现在其为全球思想文化交流提供了一种新型的文化模式与思想范式。

红色文化在当代多元化思潮背景下，凭借其思想上的坚定性、广泛的社会认同以及与时俱进的创新能力，依旧保持着积极的思想影响力。它不仅帮助社会成员在多元化思潮中保持思想清醒与稳定，也为主流意识形态的巩固与发展提供了强大的思想支持。通过对红色文化的不断弘扬与传播，社会成员能够在思想层面上形成更加广泛的共识，从而推动国家在复杂多变的世界环境中稳步前行。

第三节　社会组织在红色文化传播中的作用

一、社会组织在红色文化传播中的基础性作用

社会组织在红色文化传播中的基础性作用体现在多层次、多维度的社会交往和文化塑造之中。这些组织通过自身的组织特性和文化资源优势，广泛调动社会力量，构建了红色文化传播的坚实基础。社区作为基层组织，在地方治理和社会服务中具有独特的地位，它不仅是红色文化的传承者和推动者，还能够借助其紧密联系群众的特点，增强红色文化的渗透力与感染力。社区组织通过日常生活中的文化活动、学习交流等方式，把红色文化与当代社会生活相结合，让红色文化融入每个人的生活。这种日常性和持续性的传播方式，不仅提高了群众的文化认同，还让红色文化得以在潜移默化中影响人们的价值观与道德观念。

志愿者组织同样在红色文化传播中发挥了重要的推动作用。它们通过自主、自发的方式，在社会各个角落传播和弘扬红色文化。志愿者组织因其成员多为年轻人，具有创新性、灵活性和多样化的传播手段。通过各种社会实践、文化活动和服务项目，志愿者们不仅能够强化自身对红色文化的理解和认同，还能够将这种认同感传播到更广的社会层面，特别是影响到青年群体和其他社会成员。志愿者组织通过引导大众参与红色文化的学习与活动，进一步扩大了红色文化的传播面，为社会注入

了正能量。此外，各类文化性和教育性的社会组织也在红色文化的传播中承担了不可忽视的角色。它们以不同的形式组织红色文化讲座、文化沙龙、学习小组等活动，深入探讨红色文化的内涵与外延，帮助大众更好地理解和接受红色文化的精神实质。这些活动不仅是对红色文化知识的传播，更是对社会成员精神世界的深刻启迪。这类社会组织通过理论与实践的结合，推动了红色文化从静态的历史遗产转化为动态的思想力量，并进一步促进了红色文化在新时代的发扬光大。

社会组织在红色文化传播中的基础性作用还体现在跨领域、跨行业的合作中。不同类型的社会组织在红色文化传播中形成了联动机制，通过资源共享、信息互通，推动了红色文化的广泛传播。比如，不同社区之间的文化交流与合作、志愿者组织与教育机构的协同运作，都在一定程度上增强了红色文化传播的效果。这种多主体、多形式的合作模式，使得红色文化不仅限于特定的圈层，而是能够在社会各个层面得到广泛传播与接受，进而形成全民共识。

社会组织还通过创新的方式推动红色文化的现代化传播。一方面，它们利用数字技术和网络平台，拓宽了红色文化的传播渠道，使红色文化能够通过网络覆盖更广泛的人群。这种线上与线下结合的传播方式，极大地提升了红色文化传播的效率与效果。另一方面，社会组织通过设计丰富多样的文化活动，调动了社会成员的参与热情，使得红色文化传播不再是单向度的灌输，而是变为多向度的互动。这种互动不仅增强了红色文化的吸引力，还推动了红色文化在新的社会语境下的创新与发展。

社会组织的基础性作用还体现在其引导社会舆论和凝聚社会共识的能力上。通过广泛的社会动员和组织协调，社会组织能够有效引导社会各界对红色文化的关注，推动形成正确的文化价值导向。这种舆论引导不仅使得红色文化在传播中保持了鲜活的生命力，还能够在社会中形成积极向上的文化氛围，促进社会成员对红色文化的深层次理解和认同。同时，社会组织作为政府与群众之间的桥梁，在红色文化的传播中，能够准确把握社会需求与群众期望，提供更具针对性和吸引力的文化产品与服务，从而进一步巩固红色文化的传播基础。

通过以上多方面的作用，社会组织在红色文化传播中的基础性作用得以充分展现。它们不仅是红色文化的传播者，更是文化创新的推动者、社会共识的凝聚者。通过持续的文化活动与社会动员，社会组织在新时代的红色文化传播中占据了重要的位置，为推动红色文化融入社会生活、增强文化自信发挥了不可替代的作用。在未来的发展中，社会组织将继续通过其独特的社会功能与文化影响力，推动红色文化在新时期的创新与传承。

二、社会组织在红色文化活动策划中的协调功能

社会组织在红色文化活动策划和实施过程中扮演着至关重要的协调角色。它们通过整合各方资源、调动社会力量，促使红色文化活动顺利展开并达到预期效果。红色文化作为具有深远历史意义的思想传承，强调社会的共同价值观和责任感，社会组织在策划这类活动时，既要考虑活动的思想性和文化性，还要确保其组织性和实施效果。社会组织具备的协调功能体现在多个层面，它们能够有效地联络不同社会群体和机构，调动多元化资源，并通过科学的组织管理手段保证活动的顺利开展。

社会组织的第一个关键任务是统筹各方资源。在红色文化活动的策划阶段，社会组织必须确保各类资源的合理配置，从资金到人力，从场地到宣传，所有环节都需要严格规划。社会组织通常能够通过与政府机构、企事业单位、社区和其他相关利益群体的合作，获得必要的支持和资源。这种跨界合作不仅提高了活动的整体规模，也保证了红色文化的广泛传播。社会组织的协调功能在这一过程中尤为突出，它们扮演着桥梁角色，能够将不同领域的资源整合到统一的活动框架下，确保资源配置的高效性和合理性。

在策划阶段，社会组织还要发挥引导作用，确保红色文化活动的方

向符合社会主流价值观和文化传承需求。红色文化强调爱国主义、集体主义和社会主义核心价值观，而社会组织在活动策划过程中，需要具备敏锐的政治觉悟和文化敏感度，保证活动的内容和形式既能传承红色文化，又能够与当代社会的需求相结合。这种协调功能要求社会组织具备高度的社会责任感和文化认同感，能够准确把握社会的脉搏，将红色文化活动融入到当前的社会发展中。

社会组织在活动实施中的协调功能同样不可忽视。红色文化活动的开展往往涉及多个单位和部门的协同工作，而社会组织能够通过其网络系统，将这些分散的力量有效整合，形成强大的执行合力。在活动实施过程中，社会组织通常需要调动多方力量，如志愿者团队、社区居民、企事业单位等，以保证活动的顺利推进。在此过程中，社会组织的协调作用体现在对任务的分配、时间的安排以及进度的控制上，所有环节都必须紧密衔接，以确保活动按计划进行。此外，社会组织还承担着评估和反馈的职能。红色文化活动的效果如何、是否达到了预期的传播效果、社会反响如何等，都需要通过专业的评估体系加以衡量。社会组织在这个过程中起着关键的协调作用，它们能够收集各方反馈意见，并根据实际情况对活动进行调整和优化。这种闭环式的管理和协调模式，既能保障活动的效果，又能通过反馈机制进一步提升活动的质量，使红色文化活动在实施过程中不断得到完善。

在红色文化活动的宣传推广中，社会组织的协调功能同样十分重要。它们能够通过整合媒体资源、社交网络和其他宣传平台，将活动的影响力最大化。红色文化的传播不仅依赖于活动本身的实施，更需要通过各种渠道扩大其受众范围。社会组织在这一过程中扮演着信息传递者的角色，它们通过协调各类宣传平台，保证活动的核心信息能够准确、及时地传达给公众。无论是传统媒体还是新兴的数字媒体，社会组织都能充分调动其潜在资源，确保红色文化活动的影响力和覆盖面达到预期目标。

在整个活动过程中，社会组织还起到沟通协调的中介作用。红色文化活动的开展往往涉及不同群体的利益和诉求，社会组织作为中间调解者，能够平衡各方需求，确保活动的和谐推进。这种协调功能不仅体现在活动的策划和实施中，也延伸至活动的后续反馈和改进阶段。通过与各方的沟通，社会组织能够及时了解活动中的不足之处，并通过反馈机制不断完善活动内容和形式。这种持续的沟通与协调，使得红色文化活动在每次实施后都能逐步提升其质量和社会影响力。

社会组织在红色文化活动中的协调功能，是其在社会治理中不可替代的重要作用。它们不仅仅是活动的组织者和实施者，更是资源的整合者、信息的传递者和利益的调解者。通过这种全方位的协调功能，社会组织能够将红色文化活动打造成既有历史深度又具现实意义的社会事件，推动红色文化在更广泛的社会范围内传播和传承。这种协调能力不仅提升了活动的组织效率，也为社会的文化建设注入了强大的推动力，使得红色文化得以在新时代背景下焕发出新的活力。

三、社会组织在红色文化宣传中的网络化发展

现代社会组织在红色文化的传播中，随着数字技术的进步和新媒体平台的迅速崛起，逐步向网络化发展。这一趋势不仅拓展了红色文化的传播方式，也增强了文化影响的广度与深度。网络平台为社会组织提供了丰富的资源和创新的方式，使得红色文化能够更加高效地抵达社会各个层面，形成了新的文化传播格局。

随着网络技术的普及，社会组织借助数字平台的优势，在信息传递的速度和广度上得到了极大的提升。红色文化的宣传不再局限于传统的媒体形式，而是依托于各类数字平台，如社交媒体、短视频平台、网络直播等新兴媒介。通过这些平台，社会组织可以更加灵活地进行红色文化内容的推广和传播，既符合当代人的信息接收习惯，又能够实现精准推送，使红色文化的传播效率大大提高。这种网络化的发展不仅打破了时间和空间的限制，还增强了文化信息的流动性，形成了全天候、无边

界的文化传播体系。

新媒体技术的发展，使得红色文化的传播方式更加多样化。社会组织利用数字平台，通过图文、音频、视频等多种媒介形式，构建了立体化的传播网络。多种形式的融合不仅提高了文化的表现力，也加强了受众的体验感，激发了公众对红色文化的兴趣。在这一网络化进程中，数字平台作为重要载体，突破了传统媒介的局限，将红色文化以生动直观的方式展现出来，吸引了更多受众的关注。通过创意内容的包装和情感化的表达，社会组织能够更加有效地传递红色文化的精神内涵，使其深入人心。

在网络化发展的过程中，互动性成为社会组织宣传红色文化的一个重要特征。数字平台为社会组织与公众之间的互动提供了便利的途径。通过在线讨论、互动问答、线上活动等方式，社会组织不仅能够及时获得公众的反馈，还能通过这种互动进一步增强红色文化的吸引力和影响力。这种双向交流的模式，使得红色文化的传播不再是单向的灌输，而是形成了双向互动的传播生态。在这种生态中，公众既是文化的接受者，也是文化的传播者，红色文化的传播因而呈现出更为广泛的社会效应。

社会组织还借助数字技术，打造了大量的红色文化线上资源库，使得红色文化的传播更加系统化和规范化。这些资源库不仅包括历史文献、红色经典作品等传统文化载体，还涵盖了现代社会中与红色文化相关的影视、音乐、文学作品。通过线上资源的集成和分类，社会组织能够为公众提供更加丰富多样的文化选择，提升红色文化的可及性和亲近感。这一资源化、系统化的发展，使得红色文化的宣传具备了更加持久的影响力，也为其在当代社会中的传播奠定了坚实的基础。

社会组织在数字平台的广泛应用中，借助大数据技术，对受众群体进行了精准的分析与定位。通过对公众的文化偏好、行为习惯的深入研究，社会组织能够针对不同的受众群体，制定个性化的传播策略。这种基于数据的精准推送，不仅提高了红色文化传播的效率，也使得文化内容能够更加贴近受众需求。数字平台的这一应用，有效提升了红色文化的传播效果，使其能够在多样化的社会群体中找到合适的切入点，达到更为广泛的传播覆盖。此外，网络化的发展使得社会组织能够更加有效地将红色文化融入日常生活场景中。通过网络社群、线上活动等形式，社会组织创造了多元化的文化传播路径，使红色文化不再仅仅停留在特定的历史背景中，而是与当下社会生活紧密结合。这一融合不仅增强了文化的现实意义，也提升了其在当代社会中的传播价值。通过网络化的发展，红色文化不仅得到了更广泛的传播，也在社会组织的推动下，展现出强大的生命力与适应性。

现代社会组织在红色文化宣传中的网络化发展，既是技术发展的必然结果，也是文化传播模式创新的体现。数字平台和新媒体技术的应用，使得红色文化的传播方式更加灵活多样，也使得其影响力在新的时代背景下得到了进一步的提升。通过网络化的发展，红色文化的宣传突破了传统的限制，进入了一个更加开放、多元和互动的新时代，展现出强大的文化感召力和社会效应。

四、社会组织推动红色文化在基层社会的深入传播

社会组织在推动红色文化深入基层社会的过程中扮演了至关重要的角色，它们通过自身的组织结构和社会网络，能够有效地将红色文化的价值理念传递给更多的基层民众，并推动红色文化在地方社会的传播与发展。社会组织之所以在这一过程中具有重要作用，不仅因为它们能够深度参与地方社区的文化建设，还因为其具有动员和组织群众的能力，从而促进红色文化在社会中的广泛传播。

在基层社会，社会组织作为连接政府与民众的桥梁，能够帮助红色文化与地方文化形成紧密的结合，从而提升文化传播的深度与广度。社会组织的灵活性使其能够根据当地的文化背景和民众的接受能力，灵活调整红色文化的传播策略。这种灵活的方式不仅能够让红色文化的核心

价值观更容易被基层社会接受和理解，还能进一步增强民众对红色文化的认同感和参与感，从而推动红色文化在地方社会的长久扎根。

社会组织往往通过开展多种形式的文化活动，将红色文化融入到民众的日常生活中。这些活动不仅能够拉近红色文化与基层民众的距离，还能够在潜移默化中让红色文化成为社会成员集体记忆的一部分，从而逐步增强红色文化的社会影响力。通过持续性的文化活动和互动，社会组织帮助民众在日常生活中感知并体验红色文化的价值，这种无形的影响逐渐塑造着基层社会的文化面貌，并推动红色文化成为地方社会的一部分。

社会组织在推动红色文化传播的过程中，还通过有效的资源整合与协同合作，建立起了更为广泛的传播网络。它们与地方政府、企业、学校等社会机构建立合作关系，共同推动红色文化在各个层面的传播。这种多方合作模式不仅扩大了红色文化的传播渠道，也增强了红色文化在基层社会中的渗透力。通过合作，社会组织能够更好地利用现有的社会资源，组织更大规模、更具影响力的红色文化活动，从而在基层社会形成浓厚的文化氛围。

为了进一步增强红色文化在基层社会的影响力，社会组织在推动文化传播的过程中，也注重通过创新传播手段提升文化的吸引力和影响力。它们通过文化内容的创新与表现形式的丰富，增强红色文化的现代感和亲和力，使其更具时代感和现实意义。这种传播方式的变化不仅能够吸引更多的基层民众关注和参与红色文化活动，还能够让红色文化在与时俱进的过程中，焕发出新的生机和活力，从而更好地融入到地方社会的发展进程中。

社会组织在推动红色文化传播时，还注重与地方社会的互动与反馈。它们通过定期的活动与项目评估，了解基层社会对红色文化的接受程度和反馈意见，从而不断调整和优化文化传播的方式。通过这种动态的互动过程，社会组织能够确保红色文化的传播方向与基层社会的需求相契合，进而在增强红色文化传播效果的同时，确保文化传播的持续性与长效性。

社会组织不仅是红色文化在基层社会传播的重要推动者，也是在地方社会中维系文化认同的关键力量。它们通过红色文化的传播活动，增强了地方社会成员之间的文化认同感与社会凝聚力。在这种认同感的驱动下，红色文化逐渐成为地方社会共同的文化基础，进一步推动了社会的团结与稳定发展。

社会组织在推动红色文化深入基层社会的过程中，也发挥了重要的教育作用。它们通过开展多样化的文化教育项目，帮助基层社会的成员，尤其是年轻一代，更好地理解和认同红色文化的核心价值观。这种教育不仅提升了基层民众对红色文化的认知水平，还帮助他们在日常生活中自觉地践行红色文化的理念，从而推动文化传播从表面到内心的深化与升华。

社会组织在推动红色文化传播的过程中，既是积极的组织者，又是重要的文化传递者。它们通过自身的社会影响力和组织能力，不断推动红色文化在基层社会中的广泛传播与深度扎根。通过创新传播方式、强化多方合作、推动文化教育等多种途径，社会组织成功地将红色文化融入到地方社会的日常生活中，推动了红色文化在基层社会的持续传播与发展。

第四节　公共文化设施的红色文化教育功能

一、红色文化教育与公共文化设施的资源整合

红色文化教育与公共文化设施的资源整合是深化思想政治教育、加强文化传播的重要路径。公共文化设施作为社会文化传播的重要载体，

具有广泛的覆盖面和丰富的资源，通过系统性、协同化的资源整合，能够有效提升红色文化教育的效果和影响力。随着社会的发展，红色文化教育不仅需要依靠传统的课堂教学，还应借助于更多元化的公共文化平台，使其能够触达更广泛的受众群体。公共文化设施如博物馆、图书馆、文化馆、纪念馆等，具备深厚的文化积淀与强大的社会影响力，它们所拥有的教育功能和文化传播功能为红色文化的推广提供了得天独厚的条件。

在红色文化教育中，公共文化设施能够为历史资料、文物展示、活动策划等方面提供丰富的资源支持。通过对这些资源的有效整合，红色文化教育不仅能够更加生动、立体地展现历史，同时也能够更好地契合当代社会的文化需求。公共文化设施拥有较为固定的受众群体和较强的社会吸引力，在传播红色文化的过程中，它们可以通过展示历史事件、人物事迹和革命精神的物质载体，形成强大的感召力和影响力。这些设施不仅是历史的守护者，还是当代红色文化传播的先锋，通过强化其教育功能，能够使红色文化从单一的文字或课堂教学中走出来，直观地、鲜活地展现在公众面前。

公共文化设施的资源整合体现在多个层面。首先，这些设施的基础设施、展览内容、活动策划等方面需要根据红色文化教育的需求进行全面优化。通过科学的资源配置，提升红色文化教育的内容深度与广度。其次，设施与设施之间的合作也至关重要。不同的文化设施有各自的特色与优势，将其优势资源进行整合，能够形成更为广泛的教育网络，避免资源的重复建设和浪费。文化资源的整合不仅仅是物质层面的，还包括人员、信息、技术等多方面的协作。通过加强与教育机构、科研单位以及社会组织的协同合作，公共文化设施可以进一步优化红色文化的传播路径，使教育形式更加多样化，教育内容更加丰富，提升教育的实际效果。

在此过程中，数字化手段的应用为资源整合带来了新的契机。随着信息技术的飞速发展，公共文化设施在红色文化教育中的作用不再局限于线下展示和传播，线上资源的共享与传播逐渐成为提升教育影响力的重要方式。通过数字化平台，公共文化设施可以将大量的红色文化资源数字化，建立线上红色文化教育专区，使更多无法亲临现场的受众也能够接触到红色文化。这种资源整合的形式突破了时间与空间的限制，扩大了红色文化的传播范围。此外，公共文化设施可以通过线上线下结合的方式进行互动式教育活动，使红色文化教育更加具有吸引力和参与感。同时，公共文化设施的资源整合需要考虑到教育对象的多样性。不同的受众群体对于红色文化的理解和接受程度各不相同，公共文化设施需要在资源整合过程中，针对不同群体的需求制定不同的教育策略。针对青少年群体的红色文化教育，可以通过创新性的展示和互动设计，激发他们的兴趣和参与热情。对于成人群体，则可以通过专题讲座、展览等方式，提升他们对红色文化的深入理解。公共文化设施作为文化传播的重要阵地，在红色文化教育中，应承担起因材施教、分类施策的责任，通过资源整合，使教育形式更加贴近受众需求。

资源整合不仅仅是提升教育效果的手段，还能够促进红色文化教育的可持续发展。通过整合不同领域的资源，公共文化设施能够形成更加完备的红色文化传播网络，从而进一步推动红色文化教育的普及与深化。这种整合不仅是短期的资源共享，还应形成长期的合作机制，通过政策支持、资金保障、人员培训等手段，确保资源整合的系统性与持续性。与此同时，公共文化设施需要不断创新教育形式，以适应社会发展的需求和公众的期待，在提升红色文化教育影响力的同时，增强其时代感与生命力。

通过整合公共文化设施的多元资源，红色文化教育的传播路径得以更加多样化、立体化。公共文化设施不仅在物质资源上提供了重要支持，更通过与社会各界的合作，推动了红色文化教育形式和内容的创新。通过对资源的合理整合和科学规划，公共文化设施在红色文化教育中发挥着不可替代的作用。它们将红色文化的精神内涵融入到社会生活的方方面面，推动红色文化在新时代焕发出新的生机与活力。

二、公共文化设施在青少年红色文化教育中的功能

公共文化设施作为文化传播的重要平台，在青少年红色文化教育中扮演着不可或缺的角色。它们不仅为青少年提供了接触红色文化的机会，同时也是思想启迪与价值观培养的重要载体。通过多样的形式和内容，这些设施能够有效地将红色文化的核心价值渗透到青少年的日常生活中，帮助他们在潜移默化中形成正确的历史观、价值观和社会责任感。

公共文化设施的广泛覆盖和便捷性为青少年接触红色文化提供了现实的途径。图书馆、博物馆、文化中心等各类文化设施，拥有丰富的红色文化资源，这些资源经过精心编排，能够使青少年在轻松愉快的氛围中学习并吸收红色文化的精髓。青少年可以通过参观红色主题的展览、阅读相关书籍和资料，逐步深入了解革命历史和英勇事迹。这些场所通过提供内容丰富且多样化的红色文化资源，使青少年能够通过不同的媒介感知和体验历史，增强对红色文化的认同感和归属感。

公共文化设施的教育功能体现在其通过互动性和参与性活动，激发青少年对红色文化的兴趣和共鸣。文化设施常常组织各类与红色文化相关的活动，如讲座、主题演讲、纪录片放映、红色主题艺术展演等。这些活动不仅为青少年提供了与专家学者、社会活动家的互动机会，还通过生动的形式展现了红色文化的魅力，使抽象的理念变得具体而可感。这些经历有助于青少年从感性层面加深对红色文化内涵的理解，在互动和参与的过程中，思考国家、历史与个人责任之间的关系，从而更容易接受红色文化中的核心价值。

同时，公共文化设施还能够通过融合科技手段，为青少年创造更加直观的学习体验。随着数字化技术的普及，许多文化设施运用数字平台展示革命历史和红色文化内容，通过虚拟现实、增强现实等技术，青少

年可以身临其境地感受历史事件的现场，这种沉浸式体验能够加深他们对历史的情感连接。文化设施不仅是传统的静态展示空间，更是科技与文化的融合平台。科技手段的应用使红色文化更加生动、现代化，吸引更多青少年的关注和参与。通过这一过程，青少年能够更为主动地探索红色文化，从而使思想启迪的效果得以最大化。此外，公共文化设施还在培育青少年社会责任感和爱国主义情怀中起到了重要作用。通过系统化的红色文化教育内容和活动设计，文化设施能够在日常生活中对青少年的思想进行持续的、潜移默化的影响。青少年通过对革命历史的深入学习，认识到个人命运与国家命运的密切联系，增强社会责任感。这种教育模式不仅局限于单一的知识传授，而是通过文化熏陶和体验式教育，将红色文化的精髓深深植入青少年的心中，使他们在未来的学习、生活和工作中，能够自觉承担起社会责任，并在国家和社会的建设中发挥积极作用。

这些公共文化设施在青少年红色文化教育中的重要性，不仅体现在其物质资源的提供上，更在于其文化传承与思想引导功能的发挥。通过对红色文化的持续传播，这些设施在青少年成长过程中起到了思想启迪和价值观塑造的关键作用，使青少年在潜移默化中吸收和内化红色文化的核心价值。通过这种文化教育的形式，青少年逐步树立起正确的历史观、民族观和世界观，在未来能够更加坚定地继承和发扬红色文化的精神，成为具有社会责任感和历史使命感的建设者和接班人。

红色文化教育并不是一种强制性的灌输，而是一种通过文化设施、文化活动、科技手段相结合的综合性教育方式。青少年在这种教育模式中，逐步认识到个人与国家命运的紧密联系，形成坚定的社会责任感和爱国主义精神。文化设施通过多样化的形式，将红色文化的精神内核渗透到青少年的思想深处，帮助他们在接受现代教育的同时，保持对革命历史的敬畏和对红色文化的尊重。这种教育模式在现代社会中显得尤为重要，因为它不仅关乎个人的成长和发展，还关系到国家未来的文化传承与社会进步。

三、公共文化设施推动红色文化普及的创新模式

公共文化设施在推动红色文化普及和教育功能增强的过程中，承担着重要的责任与使命。通过创新展示形式与互动方式，公共文化设施不仅能够丰富红色文化的传播手段，还能吸引更多人参与其中，从而提升社会各阶层对红色文化的认知与认同。为了更有效地发挥其作用，公共文化设施应当着力于展览形式的多样化，运用现代科技手段，将历史资料和文化记忆以更直观的方式呈现出来，使人们能够更生动地了解红色文化的内涵。

在展示形式方面，公共文化设施可以从视觉、听觉、触觉等多个维度入手，提升参观者的体验感。通过运用现代数字技术，文化场馆可以创建出多维度的历史场景，使人们在参观过程中仿佛身临其境。这不仅可以激发公众的情感共鸣，还能加深他们对红色文化内涵的理解。通过科技创新，历史事件、人物和场景的展示不再局限于静态的图片和文字，而是能够以动态影像、3D 建模等多种形式呈现，这种技术上的革新使得文化传播更加立体化和互动性。

互动形式的创新也是推动红色文化普及的重要途径。传统的单向传播模式常常导致参观者被动接受信息，缺乏参与感和自主性，进而削弱了文化教育的效果。通过引入互动体验，公共文化设施可以激发参观者的好奇心和探索欲望，让他们在参观过程中主动参与文化内容的构建。

公共文化设施在推动红色文化普及时，还需注重文化内容与现代生活的结合。将红色文化的核心价值与当代社会的现实需求联系起来，可以使文化传播更加具有现实意义，进而吸引更多年轻人关注和参与。通过设计富有创意的文化活动，公共文化设施可以把红色文化与日常生活紧密结合起来，使其不仅仅停留在历史记忆层面，更能在现代社会中找到新的诠释和应用场景。这样的文化普及方式，有助于增强红色文化的

生命力，使其在新时代继续发挥积极作用。此外，公共文化设施应加强与其他文化传播载体的联动，形成多渠道、多层次的传播网络，以扩大红色文化的覆盖面和影响力。通过整合线上线下的文化资源，公共文化设施可以借助新媒体平台进一步拓展红色文化的传播范围，打破时间与空间的限制，让更多人随时随地接触和学习红色文化。这种传播方式不仅使文化传播更加灵活，还增强了文化普及的效果。

在推动红色文化普及的过程中，公共文化设施还可以加强与社区、学校等基层单位的合作，共同打造红色文化的教育体系。文化场馆可以通过举办讲座、展览、沙龙等活动，将红色文化融入社区文化建设，推动红色文化教育在基层的深入发展。社区居民通过参加这些活动，不仅能够提升自身的文化素养，还可以在日常生活中逐步内化红色文化的精神和价值观。学校作为教育的核心阵地，则可以通过与公共文化设施的合作，使红色文化更加系统化地融入教学环节，从而培养学生对红色文化的认同感和责任感。

在不断创新的基础上，公共文化设施可以通过更加灵活多样的形式，将红色文化以更为现代化的方式进行传递。这种创新不仅提升了文化设施的展示功能和吸引力，也进一步推动了红色文化的普及与教育功能的强化。通过与公众的互动与联动，红色文化将不仅是历史记忆的承载，更是现实社会价值的体现和传播。

第五章

红色文化与青少年思想政治教育

本章分析了青少年接受红色文化的心理特点，并探讨了红色文化在学校教育、校外实践活动及家庭与社区中的实施情况。通过教育系统的全面介入，红色文化得以在青少年心中深深扎根。校外实践和社区活动为青少年提供了体验红色文化的机会，而家庭的支持和参与则进一步增强了这种传承的效果，使得红色文化在青少年思想政治教育中发挥了不可替代的作用。

第一节　青少年接受红色文化的心理特点

一、发展阶段对认知的影响

青少年的认知发展在不同阶段呈现出显著的变化，而这种变化直接影响他们对红色文化的理解和感知能力。作为个体成长的重要阶段，青少年时期的心理发展涉及多方面的认知与情感变化，影响他们在接触文化和历史知识时的接受度、理解力以及价值判断。红色文化作为一种具有深刻历史和精神内涵的文化形式，在不同阶段的青少年心中形成的印象和价值认知，往往与其心理成长的步伐息息相关。

在较早期的发展阶段，儿童的认知水平有限，主要依赖感官和简单的逻辑推理，对复杂抽象的历史事件或精神内涵难以理解。在这个阶段，红色文化的接受多表现为对视觉、听觉等外部感官的感知，比如影片、歌曲、图画中展现的革命英雄形象、战斗场景等。这种感知并不涉及深刻的历史背景分析和价值观的认同，而更多是通过简单的符号和情感刺激来传达文化信息。儿童对红色文化的认知更多基于表象和直观感受，他们可能会将革命英雄与正义、勇敢联系在一起，但无法深入理解其中的历史背景和社会意义。

随着青少年进入认知发展的中期，逻辑思维和抽象推理能力逐渐增强，他们开始能够理解复杂的历史事件，并对其中的因果关系进行分析。这时，红色文化中的革命故事和历史事件可以被他们更为全面地理解，青少年逐渐意识到这些文化现象背后所包含的历史意义和社会价值。这个阶段的青少年开始从认知层面接受红色文化中的精神力量，例如革命先辈的奉献精神、民族团结的重要性以及国家发展的艰辛历程。同时，这一时期青少年的情感共鸣能力也逐渐增强，他们可能在学习或生活中受到红色文化的启发，开始思考个人与社会、集体与国家的关系。这一阶段，红色文化逐步超越了视觉感官的冲击，成为青少年认知世界和构建个人价值观的重要组成部分。

进入后期的青少年发展阶段，个体的认知能力趋于成熟，能够进行深刻的批判性思维，并开始构建自己的世界观和价值体系。这个阶段的青少年对红色文化的理解更加理性和全面，不再仅仅停留于事件的表面或英雄人物的行为，而是能够从更广阔的社会背景和历史进程中解读红色文化，关注其所反映的社会变革、思想进步以及民族精神的传承。同时，他们会结合自己的生活经验和对现实社会的观察，评估红色文化在当代社会中的意义和作用。这个阶段的青少年不仅仅从历史事件中获得教训和启发，还会思考这些历史精神如何在当今社会中延续和发展，如何与现代价值观相融合。

不同发展阶段的青少年对红色文化的理解与感知能力在层次上不断

深化，这种变化既体现了个体认知能力的成长，也反映了文化传承过程中教育的作用。对于红色文化的传播和教育来说，必须根据青少年认知发展的特点，采用适合不同阶段的教育方法和内容设计。对于儿童来说，更多是通过形象的故事和情感共鸣来引发他们对英雄主义的感知，而随着青少年年龄的增长，教育内容应逐渐转向对历史背景的深度分析和精神内涵的讨论，帮助他们形成对红色文化的理性理解和价值认同。

早期的感官认知逐渐向理性认知过渡，从浅显的英雄崇拜到对民族精神的深刻理解，个体在成长过程中逐步形成对红色文化的全面认知与情感认同。对于教育者来说，了解青少年不同阶段的认知特点，将帮助他们更有效地设计和实施红色文化的教育，使其不仅成为历史知识的传递者，更是民族精神的培养者和社会价值观的塑造者。

二、情感驱动与价值观的形成

在青少年的成长过程中，情感发展与价值观的形成紧密相连。情感是驱动思想和行为的重要力量，特别是在个人价值观和社会责任感的构建中扮演着至关重要的角色。红色文化作为一种特殊的历史与文化资源，通过其丰富的情感内涵和历史价值，成为青少年价值观形成过程中不可或缺的教育工具。

青少年阶段是一个个体从情感到理性逐渐成熟的关键时期，他们容易受到外界影响并在不断体验与反思中建立个人的认知体系。红色文化以其独特的情感氛围，如奋斗、团结、无私奉献等，能够深刻触动青少年的心灵。通过对红色文化的了解和感悟，青少年不仅能够认识到历史人物和事件的伟大意义，更能够在内心深处产生共鸣，从而在情感驱动下，自然地认同这些文化中所蕴含的核心价值观。

青少年在情感发展中，对榜样的情感认同往往成为他们价值观形成的关键动力。红色文化中大量的英雄人物形象，为青少年提供了丰富的榜样资源。无论是舍生忘死的革命烈士，还是在战斗中表现出的坚毅和忠诚，都是他们可以效仿和认同的对象。通过对这些英雄人物的情感认同，青少年逐渐理解了什么是坚持信仰、什么是责任担当。情感的驱动使他们不再是被动地接受知识，而是主动将这些历史人物的精神与自己的生活实践结合，形成对于责任、奉献、忠诚等价值观的高度认同。

情感不仅仅是激发价值观的起点，它还是个体不断反思与修正价值观的动力源泉。在情感驱动下，青少年对生活中的事件和问题开始有了更深层次的思考，能够从历史的高度看待现实问题。红色文化中的爱国主义精神与革命情怀能够激发他们对国家和社会的责任感。这种责任感的形成不仅仅是在情感的表层触动上，还通过他们对现实问题的深刻认识，使得个人的理想追求与社会责任感紧密结合在一起。当他们看到社会中的不公正现象，或是在面对个人利益与集体利益冲突时，情感引导下的价值观会促使他们作出符合集体利益和社会责任的选择。

情感的力量在青少年群体中还体现在集体意识的培养上。红色文化中所强调的团结、合作、共同奋斗的精神，正是青少年在集体生活中逐渐养成的重要价值观之一。当青少年在参与集体活动、团队项目或社会实践时，集体荣誉感和责任感会随着情感的互动不断增强。这不仅帮助他们认识到自己在社会中的角色和责任，也为他们形成正向的社会价值观奠定了基础。红色文化通过强调集体主义和共同奋斗，能够有效地培养青少年的社会责任感，让他们认识到个体的力量只有在集体中才能得到最大化的发挥。

红色文化中的情感教育不仅是对历史的回顾和英雄事迹的传承，更要引导青少年在当代社会中继续发扬这些精神，树立正确的价值观和社会责任感的有力手段。在情感驱动下，青少年通过对红色文化的学习，不仅了解了历史的伟大，更在其中发现了自我与社会的连接点。在这个过程中，他们不仅感受到历史人物的情感波澜，也通过自己的感悟建立起内在的道德观念和社会责任感。

情感的持续作用，使得青少年逐步将红色文化中的正向价值观内化为自己的行为准则。当他们在生活中面临道德选择或社会责任的考验时，红色文化所传递的精神力量会在潜移默化中影响他们的判断与行动。这种情感与理性的融合，最终促使青少年成为具有高度社会责任感和良好价值观的个体。通过情感的驱动，他们不仅在认知上对红色文化有了深刻理解，更在行为上展现出对社会、对集体、对国家的高度责任感。这种情感与价值观的交织，正是红色文化在青少年教育中的独特价值所在。

三、同辈群体对心理认知的影响

青少年在成长过程中，同辈群体往往是其社会化过程中不可或缺的因素之一。在个体形成文化认知的过程中，同辈群体的影响往往潜移默化，尤其是在个体对红色文化的接受度和兴趣方面起到重要作用。青少年阶段正值心理、情感、认知等方面迅速发展的时期，他们对于同辈的关注和认同逐渐增强，群体中的共同行为和价值观常常在不知不觉中对个体产生深远的影响。红色文化作为一种特定历史时期的产物，蕴含着丰富的思想内涵与革命精神，在青少年中推广时，同辈群体的推动力在很多情况下成为影响其认同和兴趣的重要因素。

在现代社会，同辈群体已经成为青少年学习和生活的重要伙伴。他们在日常交流中，通过彼此的互动和信息共享，不仅在生活方式、兴趣爱好方面相互影响，在思想价值观和文化认同方面也起到引导作用。一个具有高度红色文化认知的青少年群体，能够通过内部的讨论和互动影响其成员的文化接受程度。当某个群体中的主流文化观念倾向于支持和认可红色文化时，个体在群体中获取的文化符号和精神价值自然会向红色文化靠拢。同辈之间的相互认同与赞赏，常常是青少年行为选择的重要动力，若群体中多数成员表达出对红色文化的兴趣和热情，那么个体的文化倾向也会发生相应变化，他们对红色文化的好奇心和参与感也会显著增强。

同辈群体通过多种形式影响青少年对红色文化的接受度和兴趣。在课堂学习之外的时间，群体中的互动和讨论可以强化他们对红色文化的感知。当同辈群体通过共同观看红色题材的电影、参与红色文化的活动或集体讨论革命精神时，这些体验会让青少年更容易在情感上产生共鸣。通过共同经历和讨论的方式，青少年不仅在心理层面加深对红色文化的认知，还能在群体互动中形成一致的文化认同。这种认同感不仅巩固了青少年对红色文化的兴趣，也进一步推动他们在日常生活中自觉弘扬和传播这种红色文化。此外，同辈群体的积极反馈在某种程度上会强化青少年对红色文化的兴趣和参与度。当个体在群体中获得对自己红色文化理解和表现的认同时，他们会更积极地去深入了解和参与与红色文化相关的活动。这种正向反馈机制让青少年在群体中不断获取自信，并通过同辈的肯定深化自己的文化认同。同辈之间的分享与交流，尤其是那些有共同价值观和文化认同的群体，会构建出一个相对稳定的文化圈层，在这个圈层中，红色文化得以持续传播和深化。

与此同时，同辈群体在塑造青少年文化态度时，也会通过自发学习和探索来影响文化认同的深度。群体中的个体可能通过社交媒体、互联网等现代传播工具，主动寻求更多与红色文化相关的知识和资料。这些获取到的文化资源通过群体内部的传播和分享，在无形中扩大了群体成员的文化视野和认知深度。个体在群体中得到的知识分享不仅丰富了他们的文化储备，也强化了他们在面对外部文化影响时的自我文化认同。同辈群体中的讨论和辩论，也可以激发青少年对红色文化的批判性思考，使他们能够更加理性地接受和传承这份文化遗产。

更为重要的是，青少年群体在互相影响中，也可能会逐渐形成对红色文化的共同追求与兴趣。这种兴趣的产生不仅来自文化内涵的吸引力，也源于群体活动的共同体验。同辈群体在日常生活中的共同经历，如集体参与红色教育基地的参观、集体观看革命电影、集体讨论历史事件等，都会成为青少年心理认同红色文化的催化剂。这些共同的经历让个体在群体中感受到归属感和集体荣誉感，从而加强了其对红色文化的情感依附。

同辈群体还能够为青少年提供模仿和学习的对象。当个体看到群体中的其他成员因为对红色文化的深入了解和参与而获得赞赏时，他们往往会自发地模仿这种行为，试图通过对红色文化的深入了解来获得同样的肯定。这种模仿和学习的过程使得红色文化不仅停留在知识层面，更成为青少年群体中的一种共同追求和文化理想，促使个体不断向群体中的“文化先锋”看齐。

同辈群体通过分享、模仿、共同体验等多种方式，促使青少年对红色文化的兴趣不断增加，并在这种集体的文化互动中实现对文化认同的深化。在群体的影响下，青少年对红色文化的接受不再只是外在的知识积累，更成为他们内心文化认同的一部分，从而形成强大的文化内驱力。

第二节　红色文化在学校教育中的实施

一、课程设计的科学性

课程设计的科学性在红色文化教学中具有重要的意义，它不仅关系到课程实施的有效性，还关乎学生对红色文化的认知与理解。要使红色文化的教学内容能够被科学地融入课程体系，首先需要明确红色文化的核心价值与内涵，这为课程设计提供了方向。红色文化内容在课程中的设计，应基于学生的认知水平、社会发展需求以及课程本身的逻辑结构，这样的安排才能确保教学的有效性与科学性。通过合理的课程框架，将红色文化的历史、精神与当代社会的联系有机结合起来，使学生不仅能够认识红色文化的历史背景，还能理解其在当下社会中的现实意义。

红色文化课程的内容选择应考虑到学生的年龄阶段与学习需求，注重理论与实践的平衡。过于复杂的理论可能导致学生难以理解，而过于简化的内容则可能无法传达红色文化的深刻内涵。课程设计者需要根据不同阶段学生的学习特点，选择适当的内容与教学方法，使红色文化的学习不再仅仅停留在理论层面，而是与学生的实际生活体验产生共鸣。通过寓教于乐、实践体验等方式，学生可以在学习过程中更加深入地理解红色文化的精神与价值，从而在内心形成认同感。

红色文化的教学还应注重与其他学科的交叉融合。红色文化不仅仅是历史或政治领域的内容，它还可以渗透到文学、艺术、社会学等多个学科中。通过学科间的交互式教学，学生可以从不同角度、多维度地理解红色文化的丰富性与多样性。在这一过程中，教师应引导学生将红色文化的理论知识与实际问题相结合，让学生在多学科的背景下构建更全面的认知体系。科学的课程设计强调知识的内在关联性，打破学科间的壁垒，有助于学生在综合学习中形成系统的知识结构。

课程设计中，时间安排与教学进度的合理性也至关重要。红色文化内容的教学需要一个循序渐进的过程，教师应根据教学目标与学生的反馈调整教学进度。科学的课程设计不是将大量的内容强行灌输给学生，而是根据他们的学习情况逐步深入。在初期教学中，可以先从学生熟悉的历史事件或人物入手，帮助他们建立基本的认知基础，随着学习的深入，再逐步扩展到更为复杂的理论探讨。这样能够避免学生因内容难度过大而产生厌学情绪，也有助于提升课堂的互动性与学习效果。此外，红色文化课程的设计还应充分考虑时代的变化与学生个体的差异性。社会的快速发展对教育提出了新的要求，红色文化课程的内容与形式也应与时俱进。课程设计应尽量结合当代的社会问题与学生关心的热点话题，将红色文化的精神内涵与这些现实问题联系起来。这样可以让学生感受到红色文化的现实意义，而不是将其视为遥远的历史遗产。同时，课程设计还应注重个性化教学，尊重每个学生的学习特点与需求。通过多样化的教学形式与内容设计，满足不同学生的学习需求，使每一个学生都能够在红色文化课程中找到学习的动力与兴趣。

教师在红色文化课程设计中的角色也至关重要，他们不仅是知识的传递者，更是课程设计的参与者与引导者。教师需要根据学生的实际情况对课程进行动态调整，确保课程设计能够适应学生的需求与社会的发展变化。在教学实践中，教师应注重教学反思，通过不断改进课程设计与教学方法，提升教学质量与效果。红色文化的教学不仅仅是知识的传授，更是一种价值观与精神的传递，教师在这一过程中起着桥梁作用。

为了提高红色文化课程设计的科学性，还应加强教学资源的整合与创新。红色文化课程的设计不能仅依赖于传统的课本与教材，现代教育技术的进步为红色文化教学提供了更多的可能性。通过数字化教学资源、虚拟现实技术等创新手段，教师可以为学生创造更加丰富的学习体验。多样化的教学资源不仅可以提升学生的学习兴趣，还可以使他们在互动中加深对红色文化的理解与认同。

红色文化课程设计的科学性要求设计者从学生需求、课程内容、教学方法、学科融合等多个角度进行全面考虑。在尊重红色文化核心价值的基础上，结合现代教育的需求与技术手段，红色文化的课程设计才能真正实现科学合理的安排，达到教学效果的最优化。通过科学的课程设计，学生能够在学习过程中逐步形成对红色文化的深刻认知与认同，进而为培养具有民族精神与社会责任感的下一代奠定坚实基础。

二、教学方法的多样性

红色文化教育在学校中的推广和实践，不仅依赖于其内容的深刻性，还要求教学方法具备足够的多样性和灵活性。不同的教学方法可以更好地调动学生的积极性，增强学习效果，使红色文化的核心价值观更加深入人心。在这一过程中，互动式、探究式等多样化的教学方法展现出了巨大的潜力。通过这些方法，红色文化教育不仅仅是简单的知识传授，而是成为学生们思考和理解时代精神、社会责任的重要桥梁。

互动式教学方法是红色文化教育中的一个重要手段。这种教学方法能够突破传统课堂中教师主讲、学生被动接受知识的局限性，将学生置于学习的主动位置。在互动式课堂中，教师不仅仅是知识的传递者，更是课堂的引导者、问题的提出者和讨论的组织者。通过设置开放性问题和实际情境，学生们能够与教师及同学们展开讨论，共同分析红色文化中的价值观念和历史事件。互动式教学的优点在于其强调学生的参与和思考，鼓励学生从不同角度看待问题，使红色文化的核心思想不再是简单的记忆任务，而是充满了深刻理解和个人体验的过程。师生之间的互动加深了情感联结，也增强了学生对历史和文化的认同感。

在互动过程中，教师还可以借助现代技术手段来丰富教学形式。利用多媒体展示红色文化的历史资料或播放相关的影视作品，让学生在视觉和听觉上对这些事件有更直观的感知。这种多感官的学习方式，能够加深学生对革命历史事件的情感共鸣，使红色文化的精神内涵更加具体生动。借助数字化平台，教师还可以进行在线互动讨论，拓展课堂空间，使得学生不局限于课堂内的短暂讨论，而是能够在课后持续交流。这种方式的实践，可以使红色文化的教育打破时间和空间的限制，延展为一种长期的学习过程。

除了互动式教学，探究式教学方法同样在红色文化教育中展现出较大的适应性和效果。探究式教学以学生为中心，鼓励他们通过自主学习和探究来发现问题、提出问题，并逐步寻找解决方案。这种方法与红色文化教育相结合，能够更好地激发学生对历史和文化的兴趣。教师可以设计系列探究性问题，让学生分组研究红色文化中的不同主题，比如革命历史事件、英雄人物的成长历程、红色精神在当代社会中的体现等。通过查阅资料、实地参观、访谈等形式，学生们能够获得更为丰富的知识体验，并在合作探究中提升团队协作能力。

探究式教学的特点在于学生的自主性和实践性。学生在解决问题的过程中，会经历从认知、分析到反思的全面学习过程，这使得红色文化不再是单一的知识灌输，而是成为了生活中可以探索和实践的价值理念。

探究过程中，学生可以结合现代社会中的实际问题，思考如何将红色文化的精神内涵应用于当下。学生可以通过社会调查，探讨红色文化精神如何在不同领域发扬光大，或者如何通过具体行动去弘扬这些精神。这种从理论到实践的结合，不仅加深了学生对红色文化的理解，也增强了他们的社会责任感和使命感。

多样化的教学方法还可以通过实践活动来实现，学校可以组织学生走出课堂，走进红色文化教育基地，参观革命历史遗址，或参与社会公益活动。通过亲身参与实践，学生能够更加直观地感受到红色文化精神的力量，并在与实际生活的结合中，逐步内化这些精神为个人的价值观。这种沉浸式的学习体验，可以激发学生的学习兴趣，使得红色文化教育变得更加生动、真实。

多样化的教学方法不仅丰富了红色文化教育的形式，也使得学生能够在多层次、多角度的学习中，真正体会到红色文化的精神内涵。无论是互动式还是探究式教学，核心都在于激发学生的主动学习意识，使他们能够从被动接受知识转变为积极思考和实践，将红色文化的精神融入到生活和学习中。这些方法的多样化运用，为红色文化教育在学校中的推广提供了更加有效的途径，也为学生的全面发展奠定了坚实的基础。

三、校园文化环境的营造

校园文化环境的营造在思想政治教育中起到了至关重要的作用，特别是在红色文化的传播和渗透过程中，通过多元化、创新性的形式，能够有效推动学生对红色文化的认同与理解。校园是学生成长和学习的重要空间，如何利用这一空间将红色文化融入其中，是校园文化环境建设中的一个核心议题。通过校园文化的有机塑造，学生不仅能够在日常的学习和生活中感受到红色文化的氛围，更能在潜移默化中形成正确的价值观和社会责任意识。

红色文化的渗透需要形式多样、内容丰富的校园文化活动作为载体。

这种渗透力的增强，既依赖于整体环境的打造，也源于学校文化环境中的具体表现。以墙报、展览为代表的文化形式是最为直观的表达方式，通过这些视觉化的传播手段，学生可以从红色文化的历史、人物事迹、重要思想等多个方面加深对其内涵的理解。墙报可以通过丰富的图文形式展示红色文化的精髓，让学生在课余时间、走廊休息时，能够随时接触到与红色文化相关的内容。这种直观的方式能够避免枯燥的说教形式，将红色文化融入日常生活，增强学生的参与感和兴趣度。

展览作为另一种有效的文化载体，能够将红色文化的多维度内容通过实体展示的形式具象化。通过展览，学校可以组织主题活动，邀请学生参与布展和观展，从而加深学生对红色文化的感受和认同。红色文化展览可以涵盖革命历史、英雄人物故事、红色艺术作品等多样内容，通过不同的展示手段，如实物展览、图文展览、互动式体验展等，创造一个能够与学生互动的红色文化空间。这不仅仅是静态的历史展示，更是通过学生的参与和互动，让他们主动去探索、思考红色文化的内涵及其现实意义。此外，校园文化的营造并不局限于物质环境的打造，还应包括思想文化的深化。通过组织红色文化主题的演讲比赛、读书分享会、红色文化知识竞赛等活动，可以进一步调动学生的主动性，激发他们对红色文化的深入探讨和思考。这些活动不仅能让学生通过参与提升对红色文化的理解，还能在潜移默化中培养学生的文化自信和民族自豪感。同时，学校的领导层和教师团队需要在这些活动中发挥引导作用，确保红色文化的传播内容与学生的思想水平和认知能力相适应，形成良好的文化传播氛围。

校园文化环境的营造还体现在空间布局与建筑风格的设计中。通过校园的建筑设计，学校可以融入红色文化的象征元素，通过雕塑、纪念碑等形式表现革命精神，或在校园规划中设计具有红色文化特色的纪念场所和角落。这种物理空间上的布局能够强化红色文化的视觉冲击力，让学生每天置身于具有革命精神象征的环境中，自然而然地受到红色文化的熏陶。同时，这种具有象征意义的建筑设计还能够成为学校文化的一部分，形成独特的校园文化名片，增强校园红色文化的整体氛围。

学校还可以借助科技手段，创新校园文化传播的方式。利用现代多媒体技术，通过电子屏幕、数字互动展板等方式展示红色文化内容，增强学生对红色文化的兴趣。数字化内容可以包含视频、动画、虚拟现实体验等，通过动态、互动的方式将红色文化形象化、生活化，使其更加贴近学生的实际生活。这种数字化的传播方式不仅丰富了红色文化的传播渠道，也使其在年轻人中具有更强的吸引力和接受度。

通过校园文化环境的全方位营造，红色文化得以渗透进学生的学习和生活。学校作为红色文化传播的重要阵地，在这过程中应充分利用各种文化载体，打造出一个充满红色文化气息的校园环境，让学生在潜移默化中接受红色文化的熏陶，形成正确的价值观和历史观。同时，这样的文化建设不仅有助于提升学生的文化素养，也为他们走向社会提供了良好的思想政治基础。

四、教师角色的引导性

教师在红色文化教育中起到了不可替代的引导作用。在教学过程中，教师不仅是知识的传递者，更是文化传承的推动者。红色文化的核心在于培养学生的家国情怀、社会责任感和集体意识，而这些关键的思想往往通过教师的精心设计和引导得以深入学生的内心。课堂内外，教师扮演着重要的文化使者角色，他们通过言传身教影响学生的价值观，帮助他们树立正确的世界观、人生观和价值观。

在课堂中，教师通过精心设计的教学活动，将红色文化中的历史事件、英雄人物及其精神内涵融入课程中。这不仅需要教师拥有扎实的专业知识，还需要深刻理解红色文化的精神本质。通过合理运用教学资源，将书本上的内容具体化、生动化，让学生在感知历史的过程中产生情感共鸣，理解背后的文化意义。教师的讲解和引导能够使枯燥的历史事件变得鲜活，使学生在思考和讨论中更加深刻地理解红色文化的内涵。

课外活动为教师提供了更加广阔的引导平台，特别是在实际体验和社会实践中，学生可以更为直接地感受到红色文化的魅力。教师通过组织参观纪念馆、红色基地，开展社会调研活动，让学生在真实场景中体会红色文化的感人力量。在这些活动中，教师并不是简单地提供知识信息，而是通过提问、引导和反思等方式，引导学生探索、思考和感悟。他们鼓励学生以小组形式开展讨论、分享心得，通过团队合作增强集体主义精神，进而将红色文化中的核心价值观转化为学生的内在认同。

教师在红色文化教育中也需要注意灵活应用多样化的教学方法，因材施教，以适应不同学生的兴趣和理解能力。在课堂上，教师可以采用讲故事、角色扮演、历史还原等方式，让学生通过多感官体验参与学习。通过互动和讨论，教师能够引导学生反思红色文化中的精神内涵，并结合当代社会的实际情况，激发学生对社会问题的关注和思考。这种引导不仅仅限于知识的传授，更是对学生心灵的启迪，让他们学会在纷繁复杂的社会现实中坚定信念、保持初心。此外，教师的言传身教在红色文化教育中起到了榜样作用。教师的言行举止、教学态度、对文化和历史的尊重都会潜移默化地影响学生。通过教师自身的示范作用，学生能够直观地感受到红色文化的力量，从而在潜移默化中受到熏陶。教师通过在日常教学中的示范、指导和鼓励，使学生能够理解红色文化中的正能量，并将这种精神融入到自己的生活和学习中。教师的坚定态度和对红色文化的热情感染学生，促使他们在日常生活中也能够自觉地传承和弘扬红色文化。

在这个过程中，教师还需要关注学生的情感体验和心理变化。在引导红色文化的学习时，教师要善于观察学生的兴趣点和情感反应，通过合理地调整教学节奏和内容，保持学生对红色文化的持续兴趣。同时，教师要通过有效的沟通和反馈，及时解决学生在学习过程中可能遇到的疑问和困惑，引导他们建立正确的认知。教师的耐心和细致能够帮助学生在学习中克服困难，使他们对红色文化的理解更加深刻，形成积极的学习体验。

红色文化的教育不仅是对过去历史的记忆，更是对当代价值观的塑造。在这个过程中，教师的引导作用尤为重要。通过课堂内外的多重引导，教师将红色文化中的思想精髓传递给学生，促使他们成为有责任感、有担当的新一代。教师的每一个教学决策、每一次课外引导，都是对学生思想和文化认同潜移默化的影响。教师通过培养学生的历史意识和文化认同感，引导他们以更加积极和自信的态度面对未来的挑战和机遇。

第三节　校外实践活动中的红色文化教育

一、社会资源的整合与利用

社会资源的整合与利用在现代教育中扮演着至关重要的角色，尤其在思想政治教育领域，如何将社会中的红色文化资源融入学校教育体系成为一个重要的议题。红色文化资源，包括遍布全国的革命纪念馆、历史遗迹、烈士陵园、博物馆等，蕴含着丰富的革命历史和民族精神。这些资源不仅具有教育的内容价值，还提供了学生在校外获得深刻教育体验的契机，有助于在真实历史场景中加深对红色文化的理解和认同感。

在教育实践中，学校与社会资源的协同可以拓展教育的时空范围，使思想政治教育从课本走向现实，增强教育的生动性和实践性。在设计校外教育活动时，教师可以通过与相关机构的合作，将学生带到历史遗迹和革命纪念场馆中，亲身感受那些发生在中国土地上的革命事件。这种身临其境的体验使学生能够从历史的细节中深刻理解当时的时代背景和革命先辈的奋斗精神，从而激发他们的民族自豪感和社会责任感。历史场馆不仅是静态的展示空间，现代技术的介入使其变得更加具有互动性和参与性。

红色文化资源还可以与学校的课程内容紧密结合，成为课堂教学的重要延伸。教师可以在课堂上对某一历史事件进行背景讲解，并通过参观红色纪念馆等活动，将课堂所学内容与实际参观体验相结合。这种方式可以极大地增强学生的知识记忆，帮助他们将历史事件和人物的形象与革命场馆的展示内容联系在一起，实现情感和认知的双重升华。

在利用社会资源的过程中，教育机构需要注重资源的整合与创新利用，而不仅仅是简单的参观。对学生而言，如何在参观之后将感受转化为个人思考和价值观念，才是校外教育的核心目标。因此，学校可以通过与纪念馆和历史遗迹的管理机构建立长期合作机制，定期组织专题活动，如爱国主义教育讲座、红色文化讲坛等，让学生在学习红色文化的过程中参与讨论、交流感受，从而形成对革命精神的深刻理解。教师还可以引导学生将参观活动中的所见所闻融入到课堂作业中，开展有关红色文化的项目式学习，通过撰写参观报告、制作主题视频、开展历史人物的情景再现等方式，鼓励学生从多角度、多形式表达他们对红色文化的认知。这种方式不仅能够培养学生的自主学习能力，还能够增强他们的创新思维和团队合作意识。

社会资源的整合不仅局限于实体场所的利用，随着信息技术的发展，红色文化资源的数字化趋势也为校外教育提供了更多可能性。许多革命纪念馆和历史博物馆已经建立了在线虚拟展馆，通过数字化平台，学生可以随时随地进行虚拟参观，了解革命历史。此外，学校可以利用这些数字资源开发相应的课程模块，让学生通过观看视频、参与线上互动展览等方式，完成对红色文化的学习。这种方式打破了时间和空间的限制，使更多学生能够接触到红色文化资源，拓宽了教育的覆盖面。社会资源的整合与利用还需要注重区域特色与本地资源的结合。每个地区都有其独特的红色文化背景，学校可以利用本地的红色资源，开展贴近学生生活的教育活动。

社会资源的整合与利用为思想政治教育提供了丰富的外部支持，增强了教育的多样性与实效性。通过充分利用纪念馆、历史遗迹等红色文化资源，学校能够打破课堂教学的空间局限，将教育延伸至更广阔的社会空间，使学生在实践中深刻理解革命精神和民族价值观。这种社会资源与教育的紧密结合不仅提升了思想政治教育的效果，还促进了学生的全面发展，使他们在实践中提升综合素质，为未来承担社会责任做好充分准备。

二、实践活动的组织形式

在红色文化教育中，校外实践活动作为一种重要的教学方式，能够有效激发学生的兴趣，增强其对红色文化的理解与认同。实践活动的形式多样化，不同的形式能够从不同维度对学生进行思想政治教育，促进红色文化教育目标的实现。实践活动不仅是理论教学的延展，更是一种直观、生动的教育手段，使学生能够通过亲身体验和实践活动进一步感受红色文化的精神内涵，从而加深其思想认知。

参观类活动是红色文化教育中常见的实践形式之一，学生通过前往革命遗址、纪念馆、博物馆等场所进行实地参观，能够深入接触历史事件的发生地，了解革命先烈的奋斗历程和艰苦卓绝的斗争精神。这样的教育形式不仅可以带给学生强烈的感官冲击，还能通过讲解员的详细介绍、影像资料的播放以及历史实物的展示，帮助学生对红色文化产生深刻的情感共鸣。身处历史现场，学生们能够更真切地体会到革命的伟大和不易，从而更加珍惜今天的幸福生活。在参观过程中，学生们往往通过亲眼所见、亲耳所闻，将教科书中的知识具象化，增强了学习的现实感与时空感。历史感与责任感的双重刺激，使学生们在情感上得到了深刻触动，从而在思想上有了更深入的思考与升华。

志愿服务活动作为红色文化教育的另一重要形式，强调学生的实践参与性和社会责任感。通过参加社区服务、公益活动、扶贫援助等社会实践，学生不仅能够从行动上践行红色文化所倡导的精神，还可以在真实的社会场景中体会到个人与集体、个体与社会的紧密联系。这种形式的实践活动，不仅能够锻炼学生的社会实践能力，还能引导他们积极投身于集体事业，为社会发展贡献力量。这种参与式的学习方式，将红色文化中的奉献精神、集体主义观念以及艰苦奋斗的价值观融入到学生的日常生活中，使他们在实践中深化对这些理念的认知。志愿活动不仅仅是对红色文化精神的传承，也是在构建当代青年的人生价值体系，使他们从中学会关怀社会、服务他人，成为有责任、有担当的新时代公民。

社会调研是校外实践活动的另一种有效形式，通过学生的亲身调研，可以将红色文化与当前社会发展实际相结合，帮助学生将理论知识转化为实践能力。在这种形式中，学生们往往通过走访红色文化遗迹、采访革命先辈后人、研究革命历史资料等方式，进一步探索红色文化的传承与发展。社会调研不仅要求学生具备一定的理论知识储备，更需要他们有较强的分析和思考能力。通过深入调研，学生们可以发现红色文化在当代社会中的多重价值及其对当前社会的影响，特别是在社会建设和文化发展中的现实意义。调研活动为学生提供了一个发现问题、解决问题的机会，使他们能够以科研的态度参与到红色文化的保护与传承中，这不仅提升了他们的学习能力，也增强了他们的社会责任感。此外，文艺演出和红色故事会等形式的实践活动也在红色文化教育中起到了积极作用。通过文艺作品的创作和表演，学生们能够更加形象、生动地传达红色文化的核心精神。在创作的过程中，学生们将对红色文化的理解融入到艺术作品中，以一种具有情感色彩的方式表达出来，这不仅是一次文化学习的过程，也是一种心灵的升华。红色故事会则通过讲述革命先烈的英勇事迹，使学生们在感人的故事情节中汲取精神力量，深刻感受到革命精神的伟大与坚韧。

不同形式的校外实践活动为红色文化教育提供了丰富的资源和手段，它们以不同的方式吸引学生的参与，促使学生在实际行动中学习、体验和理解红色文化的内涵。通过这些活动，学生们的情感体验得以丰富，思想认识得以深化，理论知识得以升华。这些实践活动不仅是课堂教学的延伸，也是对红色文化进行更广泛、更深层次传播的重要途径。不同的组织形式也使得红色文化教育更加具有灵活性和创造性，为学生提供了多样化的学习体验。通过这些实践活动，学生们在潜移默化中接受了红色文化的熏陶，从而成为其精神内涵的传播者和践行者。

三、体验式学习的效果评估

在体验式学习的过程中，教育活动的设置和参与者的互动是关键因素，通过真实的情境或模拟环境，能够让学生切实感受到所学内容的价值。历史教育尤为适合这种方式，因为历史事件的复杂性、人物的多样性和背景的广泛性都需要超越书本的单纯记载，将其还原为具有可触摸、可理解的内容。通过将抽象的历史知识转化为具体的情境体验，能够更好地激发学生的学习热情，并逐步培养他们的历史认同感。

在学习历史时，青少年往往对事件的时间轴和因果关系感到困惑，但通过参与式的教育形式，例如模拟历史决策、角色扮演等方式，他们可以从第一视角去感知历史情境。置身于某个特定历史时期，通过个人的判断和反应参与到历史发展过程中，使得他们不仅仅是知识的被动接受者，更成为历史的体验者和见证者。这种方式不仅能够让学生掌握历史事件的事实和背景，还能培养他们对历史的情感共鸣，从而建立更为深刻的认同感。

体验式学习中，情感的调动是学习效果评估的重要方面。历史教育不仅是关于事实的传递，更是对思想和情感的塑造。通过体验式活动，学生能够更好地理解历史中的人物动机，感知他们的情感和价值取向。这种直接的情感体验有助于学生形成对历史的深入理解，并在潜移默化中建立起对历史事件的认同。

除了情感的共鸣，体验式学习的另一个显著效果是它对学习兴趣的激发。传统的历史教育方式常常局限于课本的讲解和记忆，而体验式学习通过引入更多互动性和趣味性元素，能够有效地调动学生的参与积极性。通过扮演历史角色或参与历史场景的模拟，学生可以在实践中探索历史的复杂性和多样性，这种亲身参与的方式能够让他们从不同的角度审视历史问题，而不仅仅是机械记忆知识点。通过这种方式，学生对历史事件的兴趣和理解往往更加持久，也能培养他们主动学习的意识。

在评估体验式学习的效果时，不仅仅是看学生掌握了多少历史知识，更要注重他们的历史思维方式是否得到了锻炼。体验式学习的目的之一是培养学生的批判性思维能力，通过对历史事件的分析，他们能够发展出独立的历史判断能力。体验过程中，学生不仅要面对既定的历史事实，还要处理这些事实背后的复杂性与多面性。这种方式帮助他们形成多元的历史视角，而不是局限于单一的解释框架。在参与历史情境中，学生能够更加清楚地认识到历史中的多种声音和多重选择，从而提高他们的思维深度和分析能力。

体验式学习的另一个重要维度是学生对历史认同感的建立。历史认同感的形成往往基于对历史事件的理解和情感认同，通过体验式学习，学生能够从参与中深刻感知历史人物的抉择与命运，并对历史事件产生情感上的共鸣。这种认同感不仅仅局限于对过去的理解，更在于如何将历史事件与当代生活相联系，从历史中汲取经验教训，形成现实的价值判断。通过体验历史，学生不仅能够对过去有更深刻的认识，还能在现实生活中进一步思考个人与社会、国家的关系，从而增强他们的历史责任感。

体验式学习通过情感和认知的双重路径，有效地激发了青少年的学习兴趣，并在历史认同感的构建上发挥了积极作用。在未来的教育实践中，体验式学习方式的不断优化和完善，将能够为学生提供更为丰富、立体的学习体验，帮助他们在参与中成长为有历史意识和社会责任感的公民。

四、校外教育与课堂教学的衔接

在现代教育体系中，校外教育与课堂教学的衔接被认为是提升学生学习效果的重要途径之一，尤其是在红色文化教育领域。将红色文化实践活动融入课堂教学，不仅丰富了教学内容，更能增强学生的学习兴趣和实践能力。这一结合的关键在于如何通过合理的教学设计与规划，实现校内外教育资源的互补与协同，为学生提供更加全面的教育体验。

红色文化本身承载着丰富的历史内涵和时代价值，是教育学生树立正确价值观、增强历史使命感的重要资源。在学校教育中，教师常常通过讲授历史、革命故事以及分析红色经典作品的方式来传递红色文化的核心价值。然而，仅依靠课堂内的理论知识传授，难以让学生真正感受到红色文化的深刻意义。因此，校外实践活动成为课堂教学的延伸，能够通过亲身体验、参观红色遗址、参与红色主题活动等方式，让学生在真实的情境中感受红色文化的力量。

为了实现校外实践与课堂教学的有效衔接，首先需要教师在教学设计阶段注重内容的合理安排。教师可以在红色文化主题的课程中引入相关的实践活动，使得课堂教学的理论部分与校外实践内容紧密结合。而且在教学过程中，教师还可以采用任务驱动型学习方式，将校外实践活动设计为课堂学习任务的一部分。学生在校外活动中的观察和思考可以成为课堂讨论和课后作业的重要素材。通过这种方式，实践活动不再是独立于课堂的单一体验，而是课堂学习的有机延续。教师可以鼓励学生在实践中记录自己的所见所闻，并在课堂上进行展示和交流，让每一位学生都有机会通过实践活动深化对红色文化的理解和认知。此外，教师在设计校外活动时，可以根据课堂教学的具体目标，有针对性地选择实践形式。

校外教育与课堂教学的结合还需要学校与相关社会机构的合作，共同构建完整的教育体系。社会机构如红色文化教育基地、革命历史纪念馆等，可以为学校提供丰富的实践资源。这种合作关系不仅可以提高教育资源的利用效率，还能够为学生提供更为多样化的学习体验。通过与这些机构的合作，学校可以定期组织红色文化主题的实践活动，使学生有机会接触到更多元的教育资源，拓宽他们的视野，增强学习的深度。

在实践活动结束后，教师还应当注重对实践内容的总结与反馈。通过组织讨论会、撰写实践报告等方式，让学生回顾在实践活动中的收获，并结合课堂知识进行反思。这一过程有助于加深学生对红色文化的认知，使其真正内化为个人的价值观念。同时，教师还可以根据学生的反馈调整教学策略，进一步优化课堂教学与校外实践的结合方式。

校外教育与课堂教学的衔接是一个动态的、相辅相成的过程。通过精心设计的教育活动和多元化的学习方式，学生不仅可以从理论层面理解红色文化的核心价值，还能在实践中感受到红色文化的时代力量。最终，校外教育与课堂教学的衔接将为学生提供更加全面的学习体验，培养他们的综合素质和社会责任感。

第四节　家庭与社区在红色文化传承中的作用

一、家庭教育的影响力

家庭教育在青少年接受红色文化的过程中扮演着不可忽视的关键角色。这种影响力不仅体现在父母的言传身教，还体现在日常生活中的无形熏陶。家庭是青少年成长的第一环境，父母的价值观、态度、言行都直接或间接地塑造着孩子的思想和意识形态。当家庭中积极传播和弘扬红色文化时，孩子们会自然受到这种氛围的影响，进而逐渐形成对红色文化的认同。

家长作为家庭教育的主要实施者，他们的行为方式、语言表达乃至对待社会问题的态度，都是孩子们模仿和学习的对象。当父母自觉融入红色文化的核心价值观，积极参与爱国主义教育，青少年也会更容易受到这种文化的感染。这种潜移默化的影响能够引导他们理解社会责任、树立集体主义精神，并在日常生活中自发地践行这些价值观念。

家长不仅要为孩子提供物质上的支持，更要在精神层面发挥积极的引导作用。通过与孩子的沟通和交流，家长能够将红色文化的历史背景、英雄人物的事迹以及革命精神的核心理念传递给孩子。家长通过讲述革命英雄故事、参加爱国活动等方式，可以让青少年更直观地感受红色文化的力量，理解这些历史事件和人物对国家发展的重要性，从而增强他们的历史责任感和社会认同感。家长自身对红色文化的理解和态度会直接影响到孩子们的认知，进而影响到他们的思想形成。因此，家长不仅要自己掌握和理解这些文化内容，还要找到适当的教育方式，将其有效传递给孩子。

家庭教育的氛围也对青少年的思想形成产生了重要的影响。如果家庭中充满了积极的、正面的红色文化氛围，青少年从小就会在这样的环境中耳濡目染，逐步形成对国家、民族的认同感和归属感。这种认同感不是单纯通过学校或外界灌输而形成的，而是家庭环境中持续的文化传承与教育的结果。因此，家庭教育在塑造青少年思想政治意识方面具有独特的优势和作用。

父母的言行举止也在无形中对孩子形成了榜样效应。如果父母在日常生活中表现出对红色文化的尊重和热爱，并通过实际行动将其付诸实践，青少年会从中感受到这些价值观念的现实意义。此外，家庭教育的方式直接影响到青少年接受红色文化的深度和广度。家庭中平等、尊重的教育方式能够激发孩子们的自主思考和对历史文化的探究精神。家长在教育过程中应注重引导而非强制，让孩子们在理解和体验中逐步内化红色文化的核心理念。通过与孩子进行开放式的对话，引导他们从不同角度思考历史事件和人物的意义，这种探讨式的教育模式能够更有效地帮助青少年建立起对红色文化的深刻认知。

家庭教育在青少年接受红色文化的过程中具有不可替代的作用。通过日常生活中的示范、沟通与互动，家长可以有效地将红色文化的价值观念融入到孩子的思想中，并引导他们形成积极的社会责任感与历史认同感。在这一过程中，家长的教育方式、态度以及自身的文化素养都会对青少年产生深远的影响，从而为红色文化的传承和发扬奠定坚实的基础。

二、社区环境的文化熏陶

社区环境在青少年红色文化认同的形成过程中扮演着不可忽视的角色。社区不仅是青少年生活和成长的空间，也是他们与社会文化进行互动的重要场所。一个充满积极文化氛围的社区，能够为青少年的思想与价值观塑造提供潜移默化的影响。红色文化作为一种独特的历史与精神财富，在社区环境中通过多种形式传播，使青少年在日常生活中耳濡目染，从而逐渐内化和认同这种文化。

社区文化氛围的构建通常依赖于一系列有组织的活动。这些活动不仅是居民参与社区生活的重要方式，也为红色文化的传承提供了广阔的平台。社区内开展的文化节日、纪念活动等，能够通过形式多样的艺术表现方式，将红色文化以鲜活的姿态展现在青少年的面前。

除此之外，社区中常见的文化墙、展板、雕塑等公共艺术设计，也成为红色文化传播的有力工具。这些视觉符号无时无刻不在提醒青少年他们所生活的环境与红色文化的密切联系。社区内的这些红色文化符号，如革命先烈的雕像、宣传标语等，在日常生活中被不断强化，在潜移默化中塑造了青少年对英雄主义、爱国主义的价值认同。青少年在这样的环境中成长，逐渐将这些符号背后的价值观融入自己的生活理念与行动中，形成自觉的红色文化认同。

社区活动也是青少年群体社会化的重要场所。在社区的集体活动中，青少年通过与他人的合作与交流，逐步形成集体意识与社会责任感。红色文化强调的集体主义精神和奉献精神，在社区的文化氛围中得以具体体现。在志愿服务、公益活动中，青少年不仅能够践行红色文化中所提倡的服务社会、关爱他人的价值观，也在这些实际行动中感受到个人与社会的联系，增强了对红色文化的情感认同。这种通过亲身参与所获得的体验，使得青少年能够更深刻地理解红色文化的现实意义，而不仅仅停留在书本知识的层面。另外，社区中的长者与青少年之间的代际互动，也在红色文化认同的培养中起到重要作用。许多社区的老党员、老战士是红色文化的亲历者和见证者，他们的言行举止、生活经验和历史记忆构成了红色文化鲜活的教材。在与长者的交流中，青少年不仅能够了解红色文化的历史背景与精神内涵，也能从中汲取到个人成长与社会发展的经验。这种代际之间的文化传承，使得红色文化在青少年群体中不仅仅是历史的象征，更是当代生活的一部分，成为他们行动和思想的指南。

红色文化的认同也离不开社区整体的价值导向。一个社区如果能够在日常管理中体现出红色文化的精神，其居民，尤其是青少年，便能更加自然地接受和认同这些文化理念。社区在组织管理、邻里互助等方面所体现的集体主义、互助精神，正是红色文化的现实延伸。青少年在这样的社区氛围中成长，会逐渐将这些价值观转化为自己生活和行为的准则，形成对红色文化的归属感与自豪感。

社区作为青少年成长的重要场所，其文化氛围无疑在红色文化认同的形成中扮演着关键的角色。通过各种形式的文化活动、代际传承、社会化过程等，青少年不仅感受到红色文化的历史厚重感，还能通过亲身体验和互动，形成对红色文化的认同与情感归属。在这种日常生活的熏陶下，红色文化的精神内核能够深深扎根于青少年的内心，成为他们日后行为和思想的重要指引。

三、跨代教育的传承模式

跨代教育的传承模式在家庭教育中占据着重要地位，尤其是在传递红色文化核心价值观的过程中，代际之间的沟通与互动成为了关键的纽带。在家庭环境中，长辈作为红色文化的传承者，往往具备深厚的历史记忆和文化认同感，他们通过言传身教、生活中的点滴及潜移默化的影响，将这些核心价值观传递给年轻一代。这种传承不仅仅是知识的简单传递，更是情感和信仰的传递过程，红色文化的精神内涵与价值观通过长辈的生活经验得以更加生动和具象地呈现。

在跨代教育的互动中，长辈通过故事、纪念活动、历史背景的介绍等多种方式，将他们的生活经历与历史背景结合，逐渐引导年轻一代理解和认同红色文化的精髓。这种教育模式依赖于家庭内部的亲密关系，代际之间的交流具备自然的情感基础，使得年轻一代更易于接受红色文化所承载的价值观念。同时，长辈对历史的深刻理解也帮助年轻一代构建起历史责任感，从而激发他们主动学习红色文化、参与传承的热情。

这种跨代教育并非单向度的，年轻一代在接受的过程中也会对红色文化做出新的解读和反思。他们在面对现代社会复杂多变的环境时，会以新的视角重新审视红色文化的价值和意义，并通过自身的实践，将这些核心价值观与当代社会的需求和挑战相结合。这种互动不仅有助于传统文化的保留，也推动了红色文化在当代的创新与发展。

在家庭教育中，代际沟通所承载的红色文化传递模式通常伴随着无意识的行为习惯和生活方式，年轻一代从小便耳濡目染，从而内化这些核心价值观。长辈的行为和言语不仅仅是在传递具体的历史事件或故事，更多的是在表达对国家、社会、集体的深刻热爱与责任感。年轻一代通过观察与模仿，不断吸收这些红色文化的精髓，并逐渐在个人生活和行为中体现这些价值观。与此同时，跨代教育的传承模式也需要适应时代的发展。现代家庭中的代际关系与以往相比发生了明显的变化，年轻一代的生活方式和思想观念受到多元文化的影响更为深远，家庭中的长辈与年轻一代在沟通方式上需要更加灵活，以适应不同文化和时代背景的差异。为了增强红色文化在年轻一代中的认同感，长辈需要通过与时俱进的教育方式，借助现代科技手段和信息传播工具，将红色文化的精神内涵通过更具吸引力的方式传递下去。

在红色文化的传承过程中，代际之间的相互尊重与理解同样至关重要。年轻一代对红色文化的认知可能更多地源于现代教育体系和网络传播，他们的思维方式、信息接收渠道与长辈有着显著的不同。这时，长辈应当以开放的心态面对这些变化，在传授红色文化核心价值观的过程中，尊重年轻一代的独立思考能力，鼓励他们以创新的方式诠释红色文化。这种代际之间的互相学习与启发，不仅能够强化家庭中的红色文化传承，也能够让年轻一代在文化传承的过程中找到属于自己的表达方式，从而增强他们对文化根基的认同感。

代际互动中的情感连接是红色文化传承的基石，家庭作为重要的教育场所，创造了一个能够让不同代际成员在共同情感背景下交流的空间。长辈在传递红色文化价值观时，往往注重情感的投入，年轻一代通过这种情感纽带，能够更加深刻地理解红色文化所蕴含的精神力量。这种情感交流不仅增强了红色文化的感染力，也让年轻一代在情感认同中进一步加深了对红色文化的理解。

红色文化的代际传承模式是一个动态发展的过程，既包括长辈对历史和价值观的解读，也涵盖了年轻一代对这些价值观的重新审视与实践。通过家庭内部的沟通与互动，红色文化的核心价值观在代际之间不断流传，并在时代的变迁中焕发出新的生命力。这种传承模式不仅推动了红色文化的延续，也为家庭成员之间的情感交流和代际共识提供了坚实的基础。

四、社区教育资源的开发与利用

社区教育资源的开发与利用在红色文化传承中扮演着至关重要的角色。社区作为最基层的组织形式，蕴含着丰富的文化、历史和人文资源。通过对这些资源的有效开发与利用，可以推动红色文化的深入传播与实践，进而增强居民的文化认同感和历史责任感。

在社区中，老党员往往是承载红色文化的重要人物。他们不仅是历史的见证者，也是红色精神的传播者。通过组织老党员的讲座，可以让他们分享自己的亲身经历与历史故事，生动地讲述革命先烈的奋斗历程和英勇事迹。这些真实的故事不仅具有很强的感染力，还能够激发年轻一代的学习兴趣，使他们更加深入地理解红色文化的核心价值。这种代际之间的交流，不仅是知识的传承，也是情感的交融，使红色文化在不同年龄段的人群中得以延续。此外，社区可以通过开展历史故事分享会，让居民共同回顾过去的辉煌与艰辛。这种活动能够有效地增强社区成员的凝聚力，形成共同的文化记忆。历史故事的分享不仅可以涵盖革命斗争的故事，还可以结合地方特色，通过讲述本地革命先烈的事迹，增强居民对本土历史的认同感。在这样的分享中，参与者能够深刻感受到红色文化的力量，激励他们在日常生活中传承和弘扬这种精神。

社区教育资源的开发还可以通过丰富多样的活动形式来实现。比如，组织红色主题的文艺演出，让居民通过歌舞、话剧等形式表达对红色文化的理解与热爱。这不仅能够调动居民的积极性，还能够让红色文化在艺术的熏陶中焕发出新的生命力。通过这样的方式，社区不仅提供了一个学习与传承的平台，也为居民提供了一个展示自我的舞台。参与者通过演出所表现出来的对红色文化的认同，进一步强化了社区文化的认同感和归属感。同时，社区还可以利用现代科技手段，通过线上平台传播红色文化。利用社交媒体、视频平台等渠道，制作并发布红色文化相关的内容，让更多的年轻人能够便捷地接触到这些传统文化。这种线上线下相结合的方式，不仅扩大了红色文化的传播范围，也提升了其影响力。通过这些现代化的手段，红色文化不仅能够走进社区，还能够走出社区，形成更广泛的社会影响。

在开发与利用社区教育资源的过程中，政府与社会组织的支持同样至关重要。政府应加大对社区文化活动的资金与政策支持，为社区教育资源的开发提供必要的保障。社会组织可以发挥桥梁作用，整合各方资源，共同推动红色文化的传承与发展。这种多方协作的模式，不仅能够增强红色文化的传播效果，也能够促进社区的整体发展。

社区教育资源的开发与利用，不仅是对红色文化的传承与弘扬，更是促进社区发展、增强居民文化认同的重要途径。通过多种形式的活动与交流，居民能够在实践中感受红色文化的内涵，进而自觉地将这种文化融入到日常生活中。随着时间的推移，红色文化将不仅仅停留在口头传承中，而是深深扎根于社区的每一个角落，成为社区文化的一部分，促进社会的和谐与进步。

第六章

红色文化在高校思想政治教育中的应用

本章聚焦红色文化在高校思想政治教育中的应用，特别是其在思想政治课程、校园文化建设和学生社团活动中的渗透与推广。红色文化元素在高校校园中通过多种形式得以展示和传播，帮助学生增强对思想政治认同感和社会责任感。同时，高校教师在这一过程中扮演了关键角色，他们通过专业教学和社会实践引导学生更深入地理解和接受红色文化的核心精神。

第一节　高校思想政治课程中的红色文化元素

一、红色文化元素的渗透途径

在当代教育体系中，红色文化元素的融入显得尤为重要，特别是在思想政治理论课程的教学中。有效的渗透途径不仅能够增强学生对红色文化的认知与理解，还能培养他们的爱国情怀和社会责任感。在教学过程中，教师应注重从课程内容、教学环节和互动方式等多个方面进行整合与创新。

思想政治理论课程的内容设置应充分体现红色文化的核心价值。教师可以围绕中国共产党历史、革命先烈的事迹以及红色经典文献等，设计相关的知识点。这些知识点不仅应具备理论性，更要具有现实意义，引导学生从中汲取智慧与力量。而在教学环节的安排上，教师应创造机会让学生积极参与。通过案例分析、角色扮演和小组讨论等形式，可以有效激发学生的兴趣和参与感。比如，在讲解红色文化的过程中，教师可以让学生分组讨论不同历史人物的革命精神，鼓励他们探讨这些精神在现代社会中的体现。这种互动式的教学方法，不仅能够增强学生的思考能力，还能提升他们的表达能力和团队合作意识。通过这种互动，学生能够更直观地理解红色文化的内涵，体会到其在当今时代的价值。

教师在教学中应注重将红色文化与学生的生活实际相结合。通过组织与红色文化相关的社会实践活动，如参观革命遗址、参加红色主题的演讲比赛或文艺演出，增强他们对红色文化的认同感，厚植他们的爱国情怀。在参与这些活动的过程中，学生不仅仅是知识的接受者，更是文化的传播者与践行者。此外，信息技术的应用也是红色文化元素渗透的重要途径。借助现代信息技术，教师可以将丰富的红色文化资源带入课堂。利用多媒体课件、网络课程及在线讨论平台，将历史人物的事迹、革命歌曲以及红色电影等融入教学中。这种方式不仅丰富了教学手段，还为学生提供了更多的学习资料与视角，拓宽了他们的视野。通过观看相关的视频资料或参与讨论，使学生在轻松愉悦的氛围中，深刻理解红色文化的内涵。

教师在教学过程中应当不断反思与改进教学策略，确保红色文化的渗透达到预期效果。定期收集学生的反馈，了解他们对红色文化学习的感受与看法，根据反馈调整教学内容与方法。通过这一过程，教师能够更好地把握教学方向，确保红色文化元素在思想政治理论课程中的有效融入，帮助学生形成正确的价值观与人生观。

红色文化元素的有效渗透不仅仅依赖于理论的传授，更需要在教学内容、教学环节、实践活动和信息技术等多个方面的综合运用。通过多样化的教学策略，教师能够引导学生深入了解红色文化的丰富内涵，增强他们的民族认同感和社会责任感，培养出具有时代精神的优秀人才。

二、红色文化内容的系统性与逻辑性

在高校思想政治课程中，红色文化作为重要的思想资源，其系统性与逻辑性的呈现显得尤为重要。红色文化的内容不仅是历史的回顾，更是思想的传承和价值观的塑造。在教学过程中，如何有效地整合和组织红色文化的内容，形成一个连贯的知识体系，使学生在学习过程中能够逐步深入理解其内涵，是一项值得探讨的任务。

红色文化包含了丰富的历史事件、重要人物和革命精神，这些元素需要通过教学与精心设计内容进行系统性整合。教师在课程设计时，应该从多个维度入手，将红色文化的各个元素串联起来，使学生在学习时能够理清红色文化的历史脉络。通过分析中国共产党成立的背景，逐步引入新民主主义革命、社会主义建设等重要历史阶段，使学生在了解历史的同时，理解红色文化的生成与发展。通过这样的方式，帮助学生掌握红色文化的基本知识，激发他们对这一文化的认同感和归属感。

在课程中，红色文化的逻辑性同样不可忽视。逻辑性不仅体现在知识的结构上，也体现在思想的深度与广度。教师可以通过多种教学方法，促进学生对红色文化的深层次思考。通过案例分析、讨论和辩论等形式，鼓励学生自主探索红色文化中的价值观与思想精髓。在这个过程中，教师可以引导学生关注革命先辈的事迹，探讨这些事迹背后所蕴含的信念与价值观，帮助学生理解红色文化如何在时代的变迁中保持其鲜活的生命力。此外，课程中还可以结合当代社会的发展与红色文化进行比较与反思。通过将红色文化与当前社会现象、政策等进行对比，学生能够更加深入地认识到红色文化在当代社会的重要性与现实意义。这样的比较不仅增强了红色文化内容的逻辑性，还使学生能够从实际出发，思考如何在日常生活中践行红色文化所倡导的精神和价值。

为了实现红色文化内容的系统性与逻辑性，教师还需注重教材的选择与课程的设计。教材应当是学生学习的主要依据，内容需要涵盖红色文化的历史、理论与实践等多个方面。在设计课程时，教师可以采取模块化的方式，将红色文化分为不同的主题单元，如革命精神、红色经典、当代传承等。每个主题单元之间应有明确的联系与过渡，使学生在学习过程中感受到红色文化的完整性与连贯性。

在课堂教学中，应注重知识的传递与学生的参与。通过组织学生讨论、参与互动式学习等方式，激发他们的主动性与创造性，使学生在探索红色文化的过程中，能够感受到文化的魅力与力量。教师应引导学生将所学知识应用于实际，以增强他们的实践能力和创新思维，从而实现知识与能力的统一。同时，在红色文化的教学中，重视情感教育也是至关重要的。情感的认同可以深化学生对红色文化的理解，促使他们在思想上与红色文化产生共鸣。教师可以通过组织观看红色电影、参观革命历史纪念馆等形式，使学生在真实的情境中感受到红色文化的力量。这样的体验不仅能够加深学生对红色文化的认识，还能使他们在潜移默化中接受红色文化的影响，形成积极向上的价值观。

在评估红色文化教学的效果时，教师可以采用多元化的评价方式，既包括知识的掌握情况，也包括学生对红色文化的情感认同和价值观的形成。通过问卷调查、课堂讨论、个别访谈等方式，及时反馈学生的学习情况，调整教学策略，从而提高红色文化教学的效果。

红色文化内容的系统性与逻辑性，是提高高校思想政治教育质量的关键。通过科学合理的课程设计和多样化的教学方法，教师能够有效地帮助学生理解红色文化的内涵与外延，为他们今后的人生道路提供精神指引。在新时代背景下，红色文化作为凝聚民族精神和促进社会发展的重要力量，必将发挥更为重要的作用。

三、课程设计中的红色文化主题拓展

在当今教育背景下，红色文化作为一种重要的文化资源，承载着丰富的历史内涵和思想价值。在课程设计中，探讨如何有效地拓展红色文化主题，进而深化学生对这一文化的认识，成为了重要的教学课题。拓展主题不仅仅是知识的延展，更是对学生思维深度和广度的拓宽。在教学过程中，可以通过多样化的教学方法和形式，使红色文化的内涵得到更充分的呈现。

课程设计可以围绕红色文化的历史背景、主要人物和重要事件进行专题讨论。通过将这些元素与当前社会和学生的生活实际相结合，能够激发学生的学习兴趣和参与热情。教师可以引导学生分析红色文化在不同历史时期的表现形式，以及这些文化元素对当代社会的影响。这种探讨不仅帮助学生理解历史，更促使他们思考如何将这些红色文化的精神和价值观应用于现代生活中。

在课程中引入案例分析也是一种有效的拓展方式。教师可以选择一些具有代表性的红色文化案例，例如革命先烈的事迹、重大历史事件的背后故事等，鼓励学生进行深入研究。在此过程中，学生不仅能了解具体的历史情境，还能在小组讨论中分享各自的看法，增强互动与合作能力。这种互动能够使学生在交流中碰撞出思想的火花，促使他们对红色文化的认识更加深刻。

为了更好地拓展红色文化主题，可以结合多种媒体和资源，丰富教学内容。利用电影、纪录片、书籍以及网络资源，可以让学生在视觉和听觉上感受到红色文化的魅力。观看与红色文化相关的影视作品，不仅能增强他们对历史的感性认识，还能激发他们对红色文化深层次的思考。结合影视作品进行讨论和分析，可以引导学生反思影片所传递的价值观和人生哲学，从而将红色文化的主题引入更广阔的社会语境中。

教师应注重培养学生的批判性思维。红色文化的传承与发展并非一成不变，面对当代社会的新情况、新问题，学生需要学会用辩证的视角去分析和解读红色文化。通过引导学生对红色文化进行思考，鼓励他们提出自己的见解和看法，将他们塑造成红色文化的接受者，同时成为积极的参与者和创新者。这样的思维训练能够促进学生的自主学习和探索精神，让他们在学习过程中不断追求真理和价值。

在课程设计中，教师的角色至关重要。教师不仅是知识的传授者，更是学生学习过程中的引导者和支持者。通过适当的教学策略和方法，教师能够激发学生的学习动机，引导他们自主探讨红色文化的主题。教师应根据学生的兴趣和需求，灵活调整教学内容和形式，使课程更加贴近学生的生活实际和心理需求。在教学中，教师还需不断反思和改进自己的教学方法，以适应不断变化的教学环境和学生需求。

通过对红色文化主题的拓展，课程不仅能够提升学生的文化素养，更能培养他们的历史责任感和社会使命感。在全球化与多元文化交融的时代背景下，红色文化所蕴含的爱国主义、集体主义和奋斗精神依然具有重要的现实意义。通过深入探讨红色文化，学生不仅能够获得丰富的知识，更能在精神上受到鼓舞，激励他们在今后的学习和生活中，传承和发扬红色文化的精神。因此，在课程设计中通过主题拓展和专题讨论的方式深化学生对红色文化的认识，既是对历史的尊重，也是对未来的期许。这样的教学设计将有助于学生树立正确的价值观和人生观，为他们的成长与发展打下坚实的基础。这样的课程不仅能够让学生对红色文化有更深刻的理解，更能在他们心中播下爱国主义和社会责任感的种子，使其在未来的生活中不断发芽、成长。通过不断学习和实践，学生将成为新时代的参与者和推动者，为实现中华民族伟大复兴贡献自己的力量。

第二节　校园文化建设与红色文化

一、校园环境中的红色文化符号设计

在高校思想政治教育中，红色文化的应用以校园文化建设为基础，特别是通过环境符号的设计和布局，将红色文化有机地融入校园的各个角落，使其成为学生生活和学习环境中的潜在思想资源。这种符号化的设计不仅是在视觉上对红色文化的呈现，更是在潜移默化中对学生思想政治意识的影响。在现代高校中，红色文化符号的设计通过对环境、设施、氛围的巧妙安排，使得校园的物理环境与思想政治教育功能相辅相成，让学生从环境中直接感受到红色文化的力量和精神内涵。

校园环境中的红色文化符号设计通过建筑风格、墙体装饰、雕塑摆设等方式形成视觉的系统性呈现。红色文化符号通过不同材质、颜色、文字与图像的结合，以鲜明的标志性和历史感营造出红色文化的氛围。校园中建筑物的设计、广场布局、绿化带的布置等元素成为展现红色文化的有效手段，增加校园的红色元素，如在图书馆、教学楼等建筑中融入带有革命历史意义的装饰，将具有象征意义的红色文化符号镶嵌在建筑物的设计之中，使学生在日常的学习生活中自然而然地接触到这些精神象征，从而在不经意间受到感染和启发。

红色文化符号设计在校园环境中的应用能够通过不同的方式达到教育目的。例如，雕塑等具有实体形象的物品被放置于校园内，它们通常依据革命烈士或历史事件而建，通过这种形象化、实物化的方式，使红色文化成为校园文化的一部分，具象化的设计让学生在参观和欣赏中体会到革命精神。校园中还会利用墙面装饰等手段，通过壁画或浮雕展示重要历史事件、革命人物的形象或事迹，以图像和文字的结合方式让红色文化得以生动而有感染力地呈现。红色文化符号不单是对革命历史的再现，更是一种深厚情感的流露，这种设计方式帮助学生在文化环境中理解和共鸣。此外，校园红色文化符号设计还包括在标志性建筑、校训、路标等细节上的体现。校训中融入红色文化的核心精神，使学生在读到校训的同时，便能感受到红色文化的激励与感召力。在校园道路、楼宇命名等方面，也可以根据革命历史人物或事件命名，使得每一处地点都蕴含教育意味。通过这些细节设计，红色文化的符号意义被赋予到学生生活的各个方面，而这些设计在潜移默化中成为无声的教育者，使学生对红色文化产生更深层次的认同。

校园环境中的红色文化符号设计在颜色和材质的运用上也十分讲究，红色作为革命的象征，在设计中被广泛应用，而不同的材质更是赋予了这些符号以层次感和历史的厚重感。通过不同材质之间的对比与组合，红色文化符号不仅具备美观性，还增强了红色文化的传播效果。高等学校通过对这些符号的细致设计，在校园内塑造出红色氛围，从而达到了学生在潜移默化中接受红色文化教育的目的。这种环境设计具有一定的历史传承意义，是高校红色文化教育的有效途径。在设计理念方面，校园红色文化符号的呈现并非简单的符号拼凑，而是通过细致的设计让其有机地融入校园整体美学之中。这不仅仅是对视觉符号的强化，更是通过环境中充满红色文化的元素，引导学生自觉地理解红色文化的内涵。设计者会结合校园的整体风貌、建筑的历史背景，甚至结合当代的设计理念，赋予符号以现代感，使其不仅贴近当代大学生的审美，还具备教育意义。由此，红色文化符号在视觉上具有冲击力，在心理上则具备教育性，双重作用下，学生在耳濡目染中体会到红色文化的厚重和精神魅力。从心理角度看，红色文化符号设计是将精神内容具体化，使得学生能够直接从环境中获得精神的鼓舞。研究表明，视觉符号能够影响个体的情感和思维方式，因此通过对校园环境中红色文化符号的有机设计，可以在潜移默化中增强学生的爱国意识和历史责任感。红色文化符号设计不仅仅是视觉的呈现，它作为一种象征性语言，在传播过程中触动学生的思想，使得他们在校园生活中无形中接受思想政治教育。

高校在设计红色文化符号时，还会考虑到学生的日常互动需求，通过创造与红色文化相关的公共空间，打造学生互动的红色文化主题场所。无论是校史馆、革命纪念馆，还是红色书吧等设计，都在无形中增加了学生与红色文化的接触频率。校园中设立的这些专门空间，让学生在学习和娱乐中也能接触到红色文化，达到文化与教育的相互融合。这些设计不仅让红色文化以互动的方式进入学生生活，还为学生提供了一个学习和理解红色文化的平台。

校园环境中的红色文化符号设计在高校思想政治教育中起到关键的辅助作用。在视觉符号的感染下，学生在不自觉中受到教育的影响，不断加深对红色文化的理解。通过在校园环境中的视觉传达，高校能够将红色文化与当代大学生的生活和学习实际相结合，使其成为生活的一部分。红色文化符号设计在这里不仅是对历史的纪念，还是对新时代大学生精神风貌的培养与提升。

二、校园活动中红色文化的推广策略

在当前的教育环境中，红色文化的推广显得尤为重要。它不仅承载着历史的记忆，更是时代发展的精神动力。在校园内，通过各类文化活动融入红色文化主题，能够有效激发学生的爱国情怀与社会责任感，促进其思想政治教育的深化。在实践中，应关注活动的设计与实施，确保红色文化的核心思想得以传达，并激发学生的参与热情。

校内文化活动的选择至关重要。学校可以通过主题活动，如红色电影放映会、红色歌曲演唱会等，来引导学生了解红色文化的内涵。这些活动不仅能够丰富校园文化生活，还可以激发学生的兴趣和共鸣。在电影放映会中，选择一些经典的红色电影，通过影视作品中的人物故事和情节发展，使学生在欣赏电影的同时，感受到红色文化的精神价值。放映后，可以组织观后感讨论，引导学生分享观影心得，鼓励他们深入思考红色文化的现实意义。

通过设置红色文化展区、举办红色主题演讲比赛、征文活动等，可以鼓励学生参与其中。在展区内，可以展示红色文化的历史资料、英雄人物事迹、红色文艺作品等，激发学生对红色文化的学习兴趣。演讲比赛和征文活动则为学生提供了表达自己思想与感受的机会，让他们在参与过程中加深对红色文化的理解与认同。在这个过程中，教师可以指导学生如何撰写与红色文化相关的文章，鼓励他们从自身的体验和思考出发，表达对红色文化的感受与看法。此外，学校还可以将红色文化与社会实践相结合，组织学生前往红色教育基地参观学习。通过实地考察，学生能够更直观地了解红色文化的历史背景和现实意义。在参观过程中，可以安排专业讲解员为学生讲解相关历史事件和人物故事，使学生在潜移默化中接受红色文化的熏陶。结合参观后的交流讨论，学生可以分享自己的所见所感，加深对红色文化的理解，并将其内化为个人的价值观与信仰。

为了增强红色文化的传播效果，学校应积极利用现代科技手段。通过在线互动，学生不仅能够获取丰富的红色文化知识，还能在评论与分享中形成良好的交流氛围。此外，学校还可以开发红色文化的手机应用程序，让学生通过移动设备随时随地了解红色文化的相关内容，提高他们的参与度与学习兴趣。

在活动的组织与实施过程中，应注重多样性与参与性。除了传统的文艺活动，学校还可以引入互动游戏、模拟辩论等形式，让学生在参与中感受到红色文化的魅力。通过角色扮演、情境模拟等方式，使学生在实践中学习，深入体验红色文化所传递的精神内涵。这样的活动形式，不仅可以提高学生的参与积极性，还能帮助他们更好地理解和接受红色文化。值得强调的是，在活动过程中，教师的引导与支持至关重要。教师不仅要积极参与活动的组织与实施，还应承担起引导学生理解红色文化的责任。在活动前，可以通过专题讲座、研讨会等形式，为学生打下理论基础，帮助他们在参与活动时更好地理解红色文化的核心思想。教师还应在活动后及时进行总结与反思，引导学生将活动体验与个人成长结合起来，让红色文化真正融入他们的生活与学习中。

红色文化的推广不是一朝一夕的事情，而是一个长期的、系统的工作。通过在校园活动中融入红色文化主题，可以有效提高学生的政治素养，培养其历史使命感和社会责任感。在这样的文化氛围中，学生能够更深入地了解历史与文化，形成积极向上的价值观，为未来的成长与发展奠定坚实的基础。通过不断创新活动形式、丰富活动内容，学校将能够在促进红色文化传播的同时，激励学生积极参与，成为新时代的有为青年。

三、校内文化景观中的红色文化纪念意义

校园作为学生生活和学习的主要场所，拥有独特的文化氛围，这种氛围不仅通过教学和课程内容传递，还体现在学校的建筑、环境和文化景观之中。红色文化作为一种特殊的历史和精神象征，通过设置在校内的纪念碑、雕塑等元素，可以有效帮助学生加深对历史的认知与情感共鸣。在校园中构建这些文化景观，不仅仅是一种艺术或历史的展示，它还具备了深刻的教育意义，能激发学生对红色文化的敬畏与反思。

校园内的红色文化纪念碑或雕塑往往通过生动的视觉语言传递出特定的历史记忆，这种视觉语言比单纯的文字更加直观，能在学生心中产生深远的影响。当学生每天穿梭于校园时，红色文化纪念碑和雕塑作为不可忽视的文化符号，潜移默化地引导他们思考国家历史、人民的奋斗历程以及为今天幸福生活付出的代价。这些红色文化的象征不仅是历史的静态呈现，更是一种引发学生思考和共鸣的媒介。通过与这些雕塑和纪念碑的日常接触，学生能够加深对历史事件的情感认同，使抽象的历

史变得具象化、具体化。

文化景观在校园中的作用不仅限于视觉感官的刺激，还为师生提供了深入交流和讨论的平台。通过这些纪念物的设置，师生之间能够开展更多有意义的历史和政治讨论。这种互动不仅深化了学生对红色文化的理解，也促进了他们形成历史责任感和使命感。在现代教育背景下，学生需要从历史中汲取力量，红色文化作为重要的民族精神源泉，提供了丰富的历史经验和精神指引。纪念碑和雕塑通过形象化的方式，将这些复杂的历史经验转化为学生可以理解并内化的精神力量。

文化景观的存在不仅影响个体的情感，还塑造集体意识。校园中的红色文化纪念碑或雕塑往往成为集体活动的中心或背景，学生们在这些象征物前进行各种仪式或纪念活动，能够增强集体的凝聚力和共同的历史责任感。这种集体仪式化的纪念活动让学生在个人感受之外，体验到更为广泛的集体历史记忆和民族情感，形成更加牢固的历史认同与社会责任感。纪念物成为了学生共同记忆的承载者，它不仅仅是文化传承的一部分，也是学生精神成长的见证。

校园中这些红色文化景观的设置，不仅是为了纪念过去，更是为了启迪未来。学生在这些文化景观的影响下，能够更好地理解红色文化所承载的民族精神，学会从历史中汲取教训，并将这种精神融入到自身的发展之中。这些纪念碑和雕塑，不仅仅是一种静态的历史遗存，它们具有教育性、启发性和象征性，通过这种文化景观的引导，学生能够更加全面地理解民族精神的内涵，并在未来的学习和生活中，践行这种精神。

四、红色文化与学校文化品牌塑造的结合

红色文化作为中华民族精神的重要组成部分，具有丰富的教育资源与深厚的历史积淀，其内涵涵盖了爱国主义、集体主义、革命传统等多方面的价值观。将红色文化与学校的文化品牌建设相结合，不仅可以提升学校的思想政治教育质量，还能够塑造独具特色的校园文化氛围，增

强学校的社会影响力与教育吸引力。要实现这种结合，首先需要深刻理解红色文化的核心价值，将其融入学校文化的各个层面。

学校文化品牌的塑造并不是一个孤立的过程，而是需要全面地、多维度地建设。将红色文化作为品牌的核心理念之一，学校可以从办学理念、教育目标、课程体系、校园环境等多方面进行系统化的整合。通过确立以红色文化为基础的办学理念，学校能够明确自身的文化定位，以此为基础形成独特的校园精神。这一精神不仅体现了学校对国家发展、社会责任的重视，也通过潜移默化的方式影响着学生的价值观、世界观、人生观，激发他们的社会责任感与历史使命感。

在教育目标上，学校可以将红色文化内化为育人目标的重要组成部分，培养学生具备坚定的理想信念和正确的价值导向。通过开展形式多样的教育活动，如组织学生学习红色经典、参观革命遗址等，使学生能够在具体的历史情境中感受红色文化的力量。这种浸润式的教育方式能够帮助学生在理解历史的基础上更好地认同国家的历史与未来发展，从而强化他们的民族自豪感和社会责任感。这种教育目标的设定不仅能凸显学校在思想政治教育领域的独特优势，也为学校品牌的塑造奠定了坚实的思想基础。

红色文化的课程体系建设是将其与学校文化品牌相结合的重要途径。通过将红色文化内容系统地纳入课程教学计划，学校能够在课堂内外形成红色文化的学习氛围。在具体的课程设计上，可以结合历史、文学、思想政治等多门学科的教学内容，使红色文化的传承贯穿整个教育过程。同时，学校可以通过开发专题课程或选修课，进一步深化学生对红色文化的认识和理解，使其成为学校文化品牌的重要标志。这样的课程体系不仅能够培养学生的历史观和爱国情怀，还能够帮助学校树立自身的特色教学模式，增强学校的竞争力。

校园环境的建设也是红色文化与学校文化品牌结合的重要方面。通过营造富有红色文化元素的校园环境，学校可以进一步强化红色文化的教育功能。校园建筑、标志性雕塑、校史展览等都可以成为红色文化展示的平台，让学生在日常的学习与生活中时刻感受到红色文化的熏陶。同时，校园文化活动的开展也可以通过红色文化的主题引导学生参与。此外，学校还可以通过与社会各界的合作，进一步推动红色文化与学校文化品牌的融合发展。与地方政府、红色文化教育基地等建立合作关系，定期开展红色文化交流活动，不仅可以提升学校的社会资源，也能够为学生提供更多接触红色文化的机会。这种开放式的文化合作模式，不仅可以拓宽学校的红色文化教育渠道，还能够增强学校在红色文化教育领域的权威性，从而进一步提升学校的文化品牌影响力。

将红色文化与学校文化品牌塑造相结合，实际上是一种双赢的过程。红色文化赋予学校教育更为深厚的精神内涵，而学校则通过科学的教育理念与实践为红色文化的传承与发展提供了新的平台。通过这种结合，学校不仅能够增强自身的文化软实力，也能够在社会中树立起独具特色的教育品牌。这一过程不仅关乎学校自身的发展，还为国家的思想政治教育事业作出了积极贡献。

第三节　大学生社团活动中的红色文化推广

一、社团活动设计中的红色文化主题

在大学生社团活动中融入红色文化主题，能够有效激发学生的参与兴趣并引导他们理解与传承这一独特的文化传统。在活动设计的过程中，红色文化的内涵不应只限于历史事件或英雄人物的单一展示，而应通过多种形式的表达方式，唤起学生的情感共鸣。通过生动且多元化的方式传递红色文化，可以让学生在参与过程中逐渐建立对社会责任感的认同，并感受到这一文化中的精神力量。

设立吸引力强的红色文化主题，关键在于结合现代学生的兴趣点和红色文化中的核心价值观。活动的主题不仅要突出爱国主义、集体主义等核心精神，还需要在形式上具备新颖性与创意性，使得参与者能够在互动中体验到文化的深度。通过活动设计，能够将红色文化与当代学生的生活经验、社会观察紧密结合，增强活动的现实感与代入感。同时，活动中的红色文化主题应当注重多样化呈现，避免单调的形式影响参与的积极性。以视觉、听觉、体验等多感官的参与为基础，提供不同的感官刺激，能够更加全面地传递文化的魅力。活动组织者在设计过程中，可以通过调动学生的情感，使红色文化在潜移默化中深入学生的心中。文化主题的设计还需要兼顾集体性与个人表达，既要突出集体活动的凝聚力，又要为学生提供自主表达对红色文化理解的空间，增强他们的参与感与责任感。

红色文化主题活动不仅仅是历史文化的再现，更是对当下大学生生活与社会责任感的深刻影响。通过活动中丰富的互动环节，学生能够在具体的实践中体会到红色文化的现实意义，并通过群体的互动和个人的深思，不断深化对这一文化的理解与共鸣。

在活动中融入竞争或挑战元素，也能够有效提升学生的参与积极性。通过一定的竞赛环节，学生不仅可以展现对红色文化的理解，还能够增强对该文化的情感认同。这样的设计方式能够在轻松愉快的氛围中传递深刻的文化内涵，避免活动陷入枯燥乏味的局限。同时，活动的规划应当尊重学生的主体性，活动形式不应过于说教，而应通过互动、探讨和体验等方式，引导学生在参与过程中自主感受红色文化的力量。这种方式能够让学生在潜移默化中形成对红色文化的自觉认同，并主动传播和践行。

红色文化的主题活动也需要融入社会实践，社团活动的意义不仅停留在校园内，还可以通过扩展至校外，将红色文化与社会实践相结合。通过这种实践性设计，学生可以更加真切地体会到红色文化对当下社会的影响，并通过实际的行动体现对文化的继承与发扬。这样的设计能够在提升活动现实感的同时，让学生感受到社会责任感，进而更深刻地理解红色文化的精神内核。

在整个活动的策划和组织过程中，学生的兴趣点和参与意愿是设计者需要高度关注的部分。通过细致的调查研究，了解大学生的兴趣倾向和对红色文化的认知情况，能够更加精准地设计出符合他们需求的主题活动。同时，活动的宣传工作也至关重要，具有吸引力的活动宣传方式能够激发学生的参与热情，为活动的成功举办奠定基础。活动设计者可以结合现代媒体和社交平台，通过新颖的宣传手段为活动造势，使更多的学生愿意参与到红色文化的活动中来。

在大学生社团活动中融入红色文化主题，不仅仅是对文化传承的有效方式，更是对当代大学生思想政治教育的重要途径。通过细致、创新的活动设计，将红色文化主题转化为具有吸引力的社团活动内容，能够有效激发学生的参与兴趣，进而提升他们对红色文化的认同感与责任感。这种活动的设计不仅仅是对历史的回顾，更是对未来的展望，通过大学生的积极参与与实践，红色文化将以更具时代感的形式延续并发展。

二、学生社团对红色文化传播的主动性

学生社团在红色文化传播中的作用，主要依赖于其自身的组织形式和学生的积极参与。学生社团作为学生自发成立和运作的集体，具备灵活性和主动性，因此在推动红色文化的传播时，能够在形式和内容上体现出更多的创新与自主性。通过社团的活动，学生不仅能够更深入地了解红色文化，还能成为文化传承和创新的主体，推动红色文化在校园内外的广泛传播。

社团的自主性首先体现在其组织结构和运作机制中。与课堂学习和课外辅导不同，学生社团的活动由成员共同策划和执行，这为红色文化的传播提供了一个自由、开放的平台。通过制定符合学生兴趣和需求的

活动方案，学生社团能够在传递红色文化核心思想的同时，提升学生的参与感和归属感。这种自主性为社团活动带来了更多可能性，使得红色文化传播的过程更加灵活和多样化。与此同时，学生社团的活动通常强调互动性和合作性，学生在参与过程中不仅是文化的接收者，更是文化的创造者和传播者。通过参与社团活动，学生能够在交流和合作中不断深化对红色文化的理解，并将这些理解转化为个人的思想行动。这种互动不仅有助于加深学生对红色文化的感性认知，还能在集体讨论和交流中实现对红色文化的理性反思和创新性表达。学生社团的运作模式鼓励学生将所学所思通过演讲、讨论、文艺创作等多种形式传达出来，使红色文化得以在年轻一代中生根发芽。

学生的主动性是红色文化传播得以持续和深入的关键。通过参与社团，学生可以自由地表达对红色文化的理解和感悟，并通过社团的平台将这种理解向外扩展。学生社团不仅为学生提供了一个认识和传承红色文化的机会，更是让他们成为文化传播的参与者和推动者。这种主动性使得红色文化的传播不仅限于书本知识的传授，而是融入学生的日常生活，成为一种能够引发共鸣和反思的文化力量。

在增强红色文化传播的自主性与创新性方面，学生社团的创意性表现尤为重要。与传统的红色文化传播方式不同，学生社团可以通过各种新颖的活动形式激发学生的兴趣，增强红色文化的感染力。学生通过自主策划和组织活动，将红色文化与时尚潮流、社会热点结合，赋予红色文化新的时代内涵。通过这种创新的方式，红色文化得以以更具亲和力的面貌呈现，激发学生的共鸣，使更多人愿意主动参与到文化的传播中来。此外，社团活动为学生提供了更多跨学科的思考和实践机会。在红色文化的传播中，社团往往能够借助文学、艺术、历史、政治等多方面的资源，通过跨领域的整合与创新，增强红色文化的表现力和感染力。学生在参与这些活动时，不仅可以感受到红色文化的深厚底蕴，也能够通过不同的学科视角更加全面、立体地认识这一文化。这种跨学科的探索使得红色文化的传播更加立体、生动，有助于学生从多角度深入理解其重要性和现实意义。

学生的积极参与是社团红色文化传播成功的核心因素。通过参与社团活动，学生能够自主选择自己感兴趣的方式来表达和传递红色文化。这种个性化的参与方式不仅让红色文化传播更加贴近学生的思想和生活，也增强了其影响力和传播效果。学生的参与热情和创造力成为了红色文化在校园内外不断扩展的动力，使得这一文化不仅能够延续和发展，还能够与时代需求相结合，焕发出新的生命力。

学生社团在推动红色文化传播的过程中，展现了文化传承与创新的双重功能。通过学生的积极参与和创造性表达，红色文化不仅得以保存和传递，还通过不断的创新和调整适应了新时代的需求。学生社团作为一种自发组织形式，既为学生提供了自由表达的空间，也为红色文化的传播注入了新鲜的活力和多样性。通过社团活动，学生不仅能够深刻理解红色文化的历史和价值，还能将这些思想融入日常生活，成为新一代文化传承与创新的中坚力量。

三、社团活动中红色文化的实践性体验

在社团活动中引入红色文化的实践性体验，通过设计多样化的活动形式，能够增强学生对红色文化的理解与认同。在这些活动中，红色文化不仅作为一种历史回顾的形式存在，更是当代教育中具有现实意义的价值观形成的有效途径。通过实际参与的方式，学生可以在情境体验中，深化对革命精神、爱国主义精神等重要价值观的感知，从而加深他们的情感联系和思想认同。

实践性体验活动的重要性在于它能够打破传统课堂教学的局限性，使学生在真实的情境中感受到红色文化的力量。将红色文化与社团活动相结合，尤其是在校园中的社团生活中，不仅可以增加活动的趣味性，还能通过亲身体验的方式让学生更直观地理解革命历史和精神内涵。

在社团活动中进行红色文化的体验式教育，能够通过多角度、多层次的方式实现教育目的。学生们通过深入参与实践活动，在具体的历史环境中感知和体会，不仅能够增进对历史事件的理解，还能在情感上与红色文化产生共鸣。这种情感共鸣通过潜移默化的方式，影响着学生的价值观和世界观。在实践中，学生的思想和情感被激发，使得他们对红色文化的认知不仅仅停留在表面，而是通过切身的参与，将这种认知内化为自身的一部分。

实践性体验活动不仅能够让学生身临其境地感知红色文化，还能够帮助他们在参与过程中形成对当代社会问题的思考。这种思考往往是由实践活动中的具体感受所引发的。学生通过参与红色文化的实践活动，能够意识到革命年代所面临的困境与挑战，并从中体会到坚持信念的重要性。通过反思这些历史经验，学生可以在当下的环境中，找到适用于自身发展的精神力量。这种实践体验不仅是一种历史文化的继承，更是一种精神价值的再创造，使得红色文化在新的时代背景下，焕发出新的活力与生命力。

在社团活动中融入红色文化的实践体验，有助于培养学生的集体意识和社会责任感。在实际操作过程中，学生不仅仅是参与者，更是活动的组织者与推动者。这种角色的转变，使得他们在体验红色文化的同时，也能在团队合作中感受到集体的力量。这种合作不仅体现在活动的策划与实施过程中，还体现在对红色文化精神的集体认同和传承上。通过这样的实践体验，学生能够将红色文化中的集体主义精神、奉献精神等内化为自身的行动准则，进一步加强他们对社会责任的认同与担当。

实践性体验的另一重要意义在于它能够激发学生的主动性与创造力。在社团活动中引入红色文化元素，不仅要求学生被动地接受历史知识，还要鼓励他们主动去探索和发现。在这个过程中，学生可以通过自身的观察与思考，提出对于红色文化的新理解与新诠释。这种探索性的学习方式，使得学生不仅能够从历史中汲取智慧，还能够在当代语境中重新审视红色文化的价值。通过这种实践，学生逐渐形成了独立思考的能力，并在实践中提升了自身的综合素质。此外，实践体验式的红色文化活动能够对学生的思想道德建设产生深远影响。在社团活动中，红色文化的融入往往伴随着集体活动的开展，这种集体活动的参与能够使学生在实践中不断强化自身的道德修养。通过亲身体验历史情境和革命精神，学生逐渐理解到自我责任与社会责任之间的关系。这种理解是通过实践活动的过程性体验逐步积累起来的，并在反复的活动中内化为他们的道德观念与行为准则。

在当代社会中，红色文化的教育与传承不应仅仅停留在课堂教学的层面，而应通过实践性活动让学生亲身感受到其深刻内涵。在社团活动中引入红色文化的实践体验，能够打破传统教育的限制，让学生通过切身的经历，加深对红色文化的认知与认同。这种认知与认同不仅体现在对历史的理解上，更体现在对当代社会问题的思考与责任感的培养上。通过实践体验，红色文化的精神得以在新的时代中传承和发扬，并成为学生成长道路上的重要指引。

第七章

数字时代红色文化赋能大学生思想政治教育

第一节　数字时代红色文化的新形态与特征

一、数字技术重塑红色文化的表现形式

（一）多媒体融合下的红色文化呈现

在数字时代浪潮的席卷下，多媒体技术成为革新红色文化表现形式的关键要素。往昔，红色文化主要借助文字典籍、静态图片以及有限的口口相传得以传承，传播形式相对单一，受众在领会其丰富内涵时，常面临诸多阻碍。随着数字技术的迅猛发展，多媒体融合为红色文化的展现带来了翻天覆地的变化，将文字、图像、音频、视频等多元媒介形式有机融合，构建起一个全方位、立体化的传播体系。

从符号互动理论视角深入剖析，多媒体融合为红色文化符号的传播营造了更为丰富的语境。文字作为红色文化意义表达的基石，能够精准阐释历史事件与思想理念；图像则以直观的视觉形象传递情感与氛围，比如革命战争时期的历史照片，照片中革命先辈们坚毅的面容、战场上紧张的战斗场景，瞬间便能将受众带入特定的历史情境之中。音频元素，诸如革命歌曲、历史原声资料，凭借声音的感染力，进一步强化了红色

文化符号的传播效果。以《黄河大合唱》为例，其激昂的旋律和磅礴的歌声，不仅淋漓尽致地展现出抗战时期中华儿女不屈的精神，更在听觉层面引发受众强烈的情感共鸣。视频则综合了多种符号，动态地呈现红色文化的发展脉络与深刻内涵，使红色文化符号的传播更为全面、生动。

红色主题电子书籍便是多媒体融合的典型范例。在创作关于解放战争的电子书籍时，创作者不仅详细梳理战役进程、战略决策等文字内容，还精心插入大量珍贵的历史图片，像淮海战役中人民群众踊跃支前的画面，数十万民工推着独轮车为前线运送物资，生动地展现出军民鱼水情深的动人场景。同时，书中嵌入相关历史影像片段，例如平津战役中解放军入城的真实影像，整齐的部队、欢呼的群众，鲜活地还原了那段历史场景。此外，革命先辈的原声录音也被巧妙融入其中，他们对战争经历的回忆、对理想信念的坚守，让读者仿若与先辈们进行了一场跨越时空的对话。依据认知负荷理论，多媒体融合通过分散信息呈现方式，减轻了读者的认知负担。文字、图像、音频、视频分别作用于不同的认知通道，使读者能够更高效地处理信息，加深对红色文化的理解与记忆。

（二）虚拟现实与增强现实构建沉浸式体验

虚拟现实（VR）与增强现实（AR）技术为红色文化带来了前所未有的沉浸式体验，从根本上变革了受众与红色文化的互动模式。这两种技术依托计算机图形学、人机交互等多学科理论，构建出虚拟与现实相互交融的环境，让受众能够身临其境般感受红色文化的独特魅力。

在革命纪念馆领域，VR 技术的应用打破了时间与空间的限制。传统革命纪念馆受场地、展览形式等因素制约，难以全面、深入地展现革命历史的全貌。而借助 VR 技术，受众通过佩戴专业设备，能够在虚拟空间中自由穿梭于各个历史时期的纪念馆场景。以侵华日军南京大屠杀遇难同胞纪念馆的 VR 体验项目为例，受众戴上 VR 设备后，仿佛置身于 1937 年的南京城，黑暗压抑的氛围、战火纷飞的场景、百姓的哭喊声扑面而来。他们能够“亲眼”看到日军的暴行，看到无辜百姓遭受迫害的惨状，逼真的场景构建让受众深切感受到那段历史的沉重与悲痛。从具身认知理论出发，这种沉浸式体验使受众的身体与虚拟环境产生互动，身体的感知反馈到大脑，强化了对红色文化所承载历史情感的理解。受众在虚拟空间中的行走、观察等动作，使其不再仅仅是信息的被动接收者，更是历史场景的参与者，这种具身参与极大地提升了红色文化教育的成效。

AR 技术则在现实场景中叠加虚拟红色文化元素，营造出虚实相生的独特体验。在井冈山革命根据地，游客使用手机上的 AR 应用程序扫描周边环境，原本普通的山川田野瞬间焕发出历史的光彩。游客能够看到当年红军战士在山间行军的虚拟场景，红旗飘扬、脚步匆匆；还能通过 AR 技术呈现的虚拟讲解，深入了解每一处革命遗址背后的故事，比如黄洋界保卫战中红军战士如何凭借顽强的意志和巧妙的战术击退敌人。从情境学习理论来看，AR 技术为红色文化学习打造了真实且富有情境性的学习环境。学习者在实地参观过程中，通过 AR 技术与虚拟信息互动，将抽象的红色文化知识与具体的现实场景紧密相连，加强了对知识的理解与应用能力。

（三）数字互动艺术作品拓展红色文化表达

数字互动艺术作品作为数字时代的新兴文化形态，为红色文化的表达开拓出全新路径，赋予了受众在红色文化传播过程中的主动参与权利。这类作品融合艺术创作、计算机编程、交互设计等多领域知识，通过互动机制让受众深度融入红色文化体验之中。

在红色主题互动游戏方面，以《觉醒之路》为例，该游戏以五四运动时期为历史背景，玩家在游戏中扮演一名进步青年，在复杂的社会环境中做出一系列抉择，推动剧情发展。游戏过程中，玩家需要参与学生运动的组织策划，与反动势力进行斗争，在每一个决策点，都需要依据对历史背景和人物性格的理解做出选择。这种互动机制使玩家不再是传统意义上的旁观者，而是历史的参与者。从游戏化学习理论来看，游戏中的任务、挑战和反馈机制激发了玩家的学习动机。玩家在完成游戏任务的过程中，主动探索五四运动时期的社会风貌、思想潮流等红色文化知识，学习过程充满趣味性与挑战性。

互动式红色文化展览同样彰显了数字互动艺术作品的魅力。在一些大型博物馆举办的红色文化主题展览中，采用了先进的互动展示技术。观众进入展览区域后，通过触摸屏幕、体感交互等方式与展览内容互动。例如，在一个关于红色文化艺术发展的展览中，观众可以通过触摸屏幕，选择不同历史时期的红色艺术作品，系统会展示作品的详细介绍、创作背景以及艺术家的生平故事。同时，观众还可以通过体感交互，模拟参与红色艺术作品的创作过程，如体验木刻版画的制作流程。从参与式文化理论视角分析，这种互动式展览赋予了观众创作与分享的权利，观众不再仅仅是文化的消费者，更是文化的创造者与传播者。观众在互动过程中产生的新想法、新体验，通过社交媒体等平台分享出去，进一步扩大了红色文化的传播范围与影响力。

二、红色文化在数字平台的传播特点

（一）传播速度的即时性与广泛性

数字平台的兴起彻底颠覆了传统红色文化传播的时间与空间限制，使红色文化传播速度实现了质的飞跃。在传统媒体时代，红色文化传播遵循线性传播模式，信息从源头经过层层审核、编辑、发布等流程，最终抵达受众手中，这一过程耗时较长，且传播范围有限。例如，在纸媒时代，红色文化相关报道从采编到印刷发行，往往需要数天时间，且发行范围受限于报纸的销售区域。

而在数字时代，互联网和移动终端构建起一个四通八达的传播网络，红色文化信息一旦生成，便能借助各类数字平台迅速传播。以微博为例，其传播机制基于裂变式传播理论，一条红色文化主题微博发布后，首先被博主的粉丝看到，粉丝通过转发、评论等行为，将信息扩散到自己的社交圈子，形成一级传播；其次这些粉丝的粉丝再进行二次转发、评论，信息如同涟漪般迅速扩散。在这个过程中，信息传播几乎不受时间与空间限制，短短几分钟内，一条微博就能广泛传播开来，传播范围覆盖全球各个角落。从信息传播动力学角度分析，数字平台的传播速度呈现指数级增长趋势。信息在传播过程中，每一次转发、评论都如同在传播网络中注入新的能量，推动信息快速扩散。

这种即时性和广泛性为红色文化在大学生群体中的传播提供了得天独厚的条件。大学生作为数字时代的主力军，对网络信息的接收和传播极为敏锐。他们随时随地通过手机、电脑等设备浏览数字平台，能够在第一时间获取最新的红色文化资讯。例如，在庆祝中国共产党成立 100 周年之际，各大数字平台上涌现出大量红色文化主题内容，大学生群体成为这些内容的主要传播者与参与者。数字平台传播速度的即时性与广泛性，使得红色文化能够迅速融入大学生的日常生活，为红色文化教育在大学生群体中的开展奠定了坚实基础。

（二）传播内容的碎片化与精准化

在数字平台的传播生态中，红色文化内容呈现出碎片化与精准化并存的独特特征，这与数字时代用户的信息获取习惯以及平台技术的发展紧密相关。

碎片化传播是适应数字时代快节奏生活的产物。随着人们生活节奏加快，利用碎片化时间获取信息成为主流趋势。红色文化内容被分解为短小精悍的信息单元，通过短视频、图文卡片、短资讯等形式在数字平台传播。在抖音、快手等短视频平台上，大量红色文化短视频以较短时长呈现，内容涵盖革命故事片段、红色景点打卡、红色文化知识科普等。从信息加工理论来看，这种碎片化内容能够快速吸引用户注意力，降低用户的信息接收门槛。在用户短暂的闲暇时间里，如在公交地铁上、课间休息时，这些碎片化的红色文化内容能够迅速抓住用户眼球，激发用户的兴趣。

同时，数字平台借助大数据分析、人工智能算法等先进技术，实现了红色文化传播内容的精准化推送。平台通过收集用户在浏览、搜索、点赞、评论等行为过程中产生的海量数据，运用数据挖掘与机器学习算法，深度分析用户的兴趣偏好、行为模式以及需求特征。对于关注军事历史的大学生，平台基于算法模型，推送诸如长征途中经典战役解析、革命战争中的军事战略战术等相关红色文化内容；而对于对艺术感兴趣的大学生，平台则精准推送红色文化主题的艺术作品赏析，如红色经典油画创作背后的故事、著名革命歌曲的音乐风格解读等。从精准营销理论角度分析，精准化推送能够提高信息与用户需求的匹配度，增强用户对信息的关注度与接受度。精准化传播在提升红色文化传播效果方面具有显著成效。

（三）传播主体的多元化与大众化

在数字时代之前，红色文化的传播主体主要集中于政府机构、专业媒体以及文化事业单位等官方权威组织。这些主体在红色文化传播中发挥着主导作用，但传播模式相对单一，主要以自上而下的单向传播为主，受众参与度较低。

随着数字技术的普及和社交媒体的兴起，红色文化的传播主体格局发生了根本性变革，呈现出多元化与大众化的显著特征。如今，除了传统官方主体外，普通民众、自媒体创作者、大学生群体等纷纷成为红色文化传播的重要力量。

自媒体创作者凭借对红色文化的热爱与敏锐的网络洞察力，在数字平台上积极创作并传播各类红色文化内容。例如，自媒体博主“红色足迹探寻者”，长期专注于实地探访革命老区，通过拍摄高质量的短视频，生动展现革命老区的风土人情、红色历史遗迹以及当地人民传承红色基因的故事。他的视频内容真实、情感真挚，吸引了大量粉丝关注。从文化传播理论中的“长尾效应”来看，自媒体创作者作为小众但专业的传播主体，虽然个体影响力有限，但数量众多，他们创作的内容汇聚在一起，形成了一股强大的红色文化传播力量。这些自媒体创作者从不同角度、以多样化形式传播红色文化，满足了不同受众群体的个性化需求，拓宽了红色文化的传播渠道。

大学生群体在红色文化传播中也展现出独特的活力与创造力。他们运用所学专业知识，制作出形式多样的红色文化新媒体作品。新闻专业学生发挥新闻采编与写作能力，制作深度报道红色文化传承与发展现状的新闻专题；影视专业学生利用拍摄、剪辑技术，创作出情节感人、制作精良的红色文化主题微电影；设计专业学生则凭借创意与设计技能，制作出富有视觉冲击力的红色文化主题海报、动画、H5 页面等。这些作品通过社交媒体平台广泛传播，充分展现了大学生对红色文化的理解与传承热情。从青年文化理论角度分析，大学生作为青年群体的重要组成部分，他们参与红色文化传播，不仅丰富了红色文化的传播形式，更在青年群体中形成了良好的文化示范效应。这种多元化与平民化的传播主体格局，打破了传统传播主体的局限，为红色文化传播注入了新的生机与活力，使红色文化在传播过程中更具亲和力与感染力，更易于被大学生群体接受与认同。

第二节　数字时代红色文化赋能大学生思想政治教育面临的机遇与挑战

一、数字时代红色文化赋能大学生思想政治教育的机遇

（一）教育资源丰沛催生教育内容革新

在传统教育模式下，红色文化教育资源的获取途径相对狭窄，主要依赖于有限的历史文献、少量陈列于博物馆的革命文物，以及固定场馆内的讲解服务。这些资源不仅数量有限，而且在展示和传播上存在诸多

限制。例如，许多珍贵的历史文献仅存放于特定的档案馆，普通学生难以接触查阅；革命文物受保存条件限制，无法大规模巡回展示；红色场馆的讲解时间和容量也难以满足所有学生的学习需求。

步入数字时代，互联网的普及和信息技术的飞速发展，彻底改变了这一局面。在线数据库的构建堪称一场革命，它将海量分散于各地的革命历史档案、珍贵历史图片以及革命先辈的手稿等进行系统整合，并通过数字化处理，转化为便于检索和浏览的电子格式。以中国共产党历史展览馆的线上平台为例，该平台依托先进的数字化技术，对馆内丰富的藏品进行了全方位、多角度的数字化展示。学生只需通过互联网接入，便能足不出户浏览到各个历史时期的重要文件，如中共一大的纲领草案，这份珍贵文件详细记录了中国共产党诞生之初的组织原则和奋斗目标，学生通过线上平台可以清晰看到文件的原貌及详细注释；还有见证重大历史事件的实物图片，如红军长征途中使用过的草鞋，图片不仅展示了草鞋的外观，还配有文字说明其在艰苦长征中的重要作用以及背后蕴含的坚韧精神。这种数字化展示使学生对党的发展历程有了更为直观、全面且深入的认识，仿佛亲身穿越历史长河，触摸到每一个重要的历史节点。

数字图书馆的崛起，更是为红色文化研究提供了丰富的理论宝库。在数字图书馆的资源体系中，关于红色文化的学术著作、研究报告犹如繁星璀璨，涵盖了党史党建、革命文化研究、红色精神解读等多个领域。从宏观的党史发展脉络梳理，如对中国共产党在不同历史时期的战略决策演变的研究著作，到微观层面深入剖析某一红色精神内涵的学术论文，如对延安精神中自力更生、艰苦奋斗精神在当代社会价值的探讨。这些丰富的理论资源为学生深入探究红色文化提供了坚实的学术支撑，使他们能够站在巨人的肩膀上，从不同学科视角、不同研究维度去挖掘红色文化的深层价值，拓宽了学生的学术视野，满足了他们对知识深度和广度的追求。

新媒体平台的蓬勃发展，为红色文化注入了鲜活的民间力量。自媒体创作者凭借对红色文化的热爱和敏锐的网络洞察力，深入革命老区进行实地走访。他们通过拍摄制作生动的短视频，将那些鲜为人知的红色故事呈现在大众面前。例如，一位自媒体创作者深入偏远的大别山革命老区，拍摄了当地一位老红军的口述历史。这位老红军回忆了当年在艰苦环境下与敌人周旋的战斗经历，讲述了许多课本中未曾提及的细节，例如，如何在物资极度匮乏的情况下，通过自制武器坚持斗争。这些真实、质朴的故事通过短视频平台传播，迅速吸引了大量观众，让更多人了解到大别山革命老区在革命历史中的重要贡献。一些历史爱好者则在网络论坛上发表深入解读红色文化内涵的文章，他们从历史文化、社会心理等多个角度对红色文化进行剖析，与其他爱好者展开热烈讨论，形成了良好的红色文化学习氛围。从教育资源理论来看，这些来自民间的多元创作，极大地丰富了红色文化的表现形式和内容。不同学生对红色文化的兴趣点千差万别，有的着迷于军事斗争历史，有的对革命时期的社会生活充满好奇，数字时代丰富的红色文化资源恰如一座琳琅满目的知识超市，为他们提供了个性化学习的无限可能，彻底打破了传统思想政治教育内容局限于教材和课堂讲授的狭隘范畴，使教育内容更加贴近学生实际需求，激发了学生主动探索红色文化的热情。

（二）教育方式创新激发学习参与度

传统的思想政治教育模式，长期以来以教师课堂讲授为主要方式。在这种模式下，教师占据主导地位，通过口头讲解和板书呈现教学内容，学生则处于相对被动的接受状态。由于教学形式较为单一，缺乏互动性和趣味性，学生的参与度和积极性往往难以充分调动起来。例如，在讲解红色文化相关课程时，教师可能只是照本宣科地讲述历史事件的时间、地点、人物和经过，学生很难产生强烈的情感共鸣和学习兴趣，对知识的理解和记忆也较为肤浅。

数字时代的到来，为思想政治教育带来了革命性的变化。多媒体教学作为数字技术在教育领域的早期应用，率先打破了传统教学的沉闷局面。它将文字、图像、音频、视频等多种元素有机融合，构建出一个生动形象、丰富多彩的教学环境。以长征历史教学为例，教师在课堂上可以播放精心剪辑的纪录片片段，如《长征》纪录片中展现红军战士跨越雪山草地的艰难场景，画面中战士们疲惫却坚定的面容、深陷雪地的双脚，让学生直观感受到长征的艰辛；插入遵义会议会址、红军强渡大渡河的高清历史图片，这些图片定格了历史的重要瞬间，学生通过观察图片细节，能更好地理解历史事件的背景和意义；同时，播放激昂的革命歌曲《十送红军》，歌曲中饱含深情的旋律和质朴的歌词，营造出浓厚的历史氛围，使学生仿佛置身于那个波澜壮阔的时代。从认知心理学角度来看，这种多感官刺激的教学方式，能够充分调动学生的视觉、听觉等多种感官参与学习，增强信息在大脑中的存储和提取效率，从而有效提升学生的学习记忆和理解能力。

虚拟现实（VR）/增强现实（AR）技术的出现，更是将红色文化教育带入了一个全新的沉浸式体验时代。VR 技术借助先进的计算机图形学、传感器技术等，为学生打造出一个高度逼真的虚拟环境。当学生戴上 VR 设备，便如同穿越时空隧道，瞬间置身于革命战争年代。在南昌起义的虚拟战场上，学生能听到激烈的枪炮声，看到硝烟弥漫的战场，感受到战士们冲锋陷阵的英勇无畏，仿佛自己就是起义队伍中的一员，亲身参与到这一改写历史的伟大事件中；在延安窑洞的虚拟场景里，学生可以与革命先辈“对话”，聆听他们讲述革命理想和奋斗历程，深入了解延安时期的革命精神内涵。AR 技术则巧妙地将虚拟信息与现实环境相结合，为校园文化建设增添了浓郁的红色氛围。在校园的某个角落，学生通过手机 AR 应用扫描周围环境，就能看到当年革命活动在此地的虚拟再现，如校园内曾作为地下党组织联络点的建筑，通过 AR 技术呈现出当年地下党员秘密活动的场景，让校园的一草一木都成为红色文化的传播载体。从教育心理学的动机理论分析，这种沉浸式体验能够极大地激发学生的内在学习动机。学生在沉浸式环境中，主动探索知识的欲望被充分点燃，对思想政治教育内容的兴趣和关注度大幅提升。

在线互动课程的兴起，为红色文化教育开辟了一条跨越时空限制的新途径。慕课（MOOC）平台的出现，汇聚了全国各地高校的优质红色文化相关课程资源。学生可以根据自己的兴趣和学习进度，自由选择来自不同高校、不同风格教师讲授的课程。在课程讨论区，学生们围绕红色文化的某个主题展开热烈讨论，如“红色文化在当代社会的价值体现”。来自不同地区、不同专业背景的学生各抒己见，分享自己的见解和感悟。有的学生从专业知识角度出发，分析红色文化对本专业发展的启示；有的学生结合自身生活经历，讲述红色文化在日常生活中的影响。这种跨时空的互动交流，打破了传统课堂的地域和身份限制，拓宽了学生的视野，激发了他们的思维活力。从教育传播理论来看，在线互动课程实现了思想政治教育从传统的单向传授向双向甚至多向互动的转变。教师不再是知识的唯一传播者，学生也从被动接受者转变为积极参与者，这种互动式教学模式极大地提升了教育的吸引力和实效性，使红色文化教育更加深入人心。

（三）精准需求匹配个性化需要

在传统教育模式的框架下，教师要全面、精准地了解每个学生的学习特点、兴趣爱好以及思想动态，面临着诸多困难。课堂教学往往采取“一刀切”的方式，以统一的教学内容、教学进度和教学方法面向全体学生。这种教学方式难以兼顾每个学生的个体差异，导致部分学生“吃不饱”，而部分学生“消化不良”，无法满足学生的个性化学习需求。例如，在红色文化相关课程的教学中，对于对历史事件细节有深入探究欲望的学生，现有的教学内容可能无法满足他们的求知欲；而对于一些理解能力稍弱的学生，复杂的历史背景和理论知识又让他们感到吃力，逐渐失去学习兴趣。

数字时代的大数据技术为解决这一难题提供了强大的技术支撑。大数据技术通过对学生在学习平台上的浏览记录、搜索历史、作业完成情况、考试成绩以及在社交媒体上的言论等多源数据进行全面收集和深度分析，能够精准洞察学生的兴趣偏好和学习需求。以学习平台数据为例，系统可以记录学生浏览红色文化资源的时长、重复浏览的内容以及对不同类型资源的点击频率。如果一个学生经常在学习平台上搜索红色军事历史相关内容，浏览时长较长且对经典战役分析类文章反复阅读，系统便可以推测其对革命战争方面的红色文化有浓厚兴趣。基于这一分析结果，系统能够为其精准推送更多与之相关的学习资源，如详细解读三大战役战略战术的课程视频、深入剖析革命战争时期军事装备发展的研究报告等。对于在社交媒体上积极参与红色文化讨论，但对某些理论问题存在困惑的学生，教师可以通过分析其言论内容，了解其疑惑点所在，进而有针对性地提供个性化辅导。教师可以为其推荐相关的学术文章、组织专题讨论小组，帮助学生解决问题，深化对红色文化的理解。

从教育公平理论中的个性化教育维度审视，精准把握学生需求并提供个性化教育，具有极其重要的意义。每个学生都是独一无二的个体，他们的学习节奏、学习方式以及兴趣点各不相同。大数据支持下的个性化教育，如同为每个学生量身定制一套专属的学习方案。对于擅长理论学习的学生，系统可以推送更多深度学术研究资料，引导他们在红色文化理论研究领域深入探索；对于对实践体验更感兴趣的学生，则可以为其推荐红色文化实践活动信息，如红色文化主题的实地调研项目、革命纪念馆志愿者服务活动等。这种个性化教育模式不仅提高了教育资源的利用效率，避免了资源的浪费，还增强了红色文化思想政治教育对学生的吸引力和影响力。学生在个性化学习过程中，能够感受到自己的需求被关注和满足，学习的积极性和主动性得到极大提升，从而更好地发挥自身潜力，实现全面发展。

（四）教育普及化惠及更广泛群体

传统的思想政治教育活动，主要依托校园课堂环境展开，受众范围严格局限于在校学生群体。同时，教学活动受到课程安排、教学时间以及教学场地等多种因素的制约。例如，一门红色文化相关课程，每周可能仅有固定的几节课时，且只能在特定的教室进行授课。这使得教育的时间和空间维度都受到极大限制，无法充分满足学生对红色文化知识的学习需求，更难以将红色文化传播到校园之外的更广泛社会群体中。

随着数字时代的来临，各类数字平台如雨后春笋般涌现，成为红色文化传播和教育的重要前沿阵地。社交媒体平台以其庞大的用户基数和强大的社交互动功能，在红色文化传播中发挥着举足轻重的作用。以微信、微博为例，这两个平台的用户涵盖了各个年龄段、各个社会阶层，数量数以亿计。在这些平台上，红色文化主题的文章、视频、话题讨论等内容得以广泛传播。一些红色文化公众号，凭借专业、生动的内容创作，定期发布红色故事、党史知识等优质内容，吸引了大量读者关注和分享。例如，“红色记忆”公众号，通过讲述革命先辈的英勇事迹，如赵一曼烈士在狱中坚贞不屈的故事，以细腻的文字和感人的情节，引发了读者的强烈共鸣，文章阅读量常常数以万计，转发量也颇为可观。这些内容通过社交网络的裂变传播机制，迅速扩散到更广泛的人群中。一个用户的转发和评论，能够将信息传递到其社交圈子中的众多好友，好友再进行二次传播，形成指数级的传播效果，使红色文化能够触达更多原本可能无法接触到的人群。

在线教育平台的兴起，更是为红色文化教育拓展了无限广阔的传播空间。一些专门的红色文化在线课程，秉持着开放、共享的理念，面向全社会开放。无论是在职人员、退休人员还是其他社会群体，只要具备基本的网络接入条件和学习意愿，都可以轻松通过网络参与学习。例如，某些知名高校推出的红色文化精品慕课，凭借其优质的课程内容、专业的教师授课以及完善的教学服务，在全国范围内吸引了大量非在校学生报名学习。这些学习者通过在线观看课程视频、参与讨论区的交流互动以及完成作业等方式，系统地接受红色文化教育。他们尽管来自不同的职业背景、不同的生活环境，但都在在线教育平台上汇聚，共同学习和传承红色文化。这种跨时空的教育传播模式，彻底打破了传统思想政治教育的时空壁垒，将红色文化思想政治教育的受众从校园内的学生群体扩展到整个社会。它不仅使更多人能够有机会受到红色文化的熏陶和教育，提升了全民的思想政治素养，还有助于在全社会营造传承和弘扬红色文化的浓厚氛围，让红色基因在更广泛的社会层面得以延续和传承。

二、数字时代红色文化赋能大学生思想政治教育面临的挑战

（一）信息繁杂，干扰学生正确认知形成

数字时代的显著特征之一便是信息的爆炸式增长。在互联网这个庞大的信息海洋中，红色文化相关信息虽然丰富多样，但同时也伴随着大量繁杂、虚假甚至有害的内容，这对大学生正确认知红色文化构成了严峻挑战。

从信息质量层面来看，互联网上的红色文化信息良莠不齐。部分自媒体为了追求流量和关注度，不惜违背历史事实和文化价值，对红色文化内容进行歪曲、戏说甚至恶搞。例如，在一些网络短视频中，革命英雄人物被娱乐化改编，以夸张、低俗的形象呈现。将董存瑞舍身炸碉堡这一英勇壮举，改编为带有搞笑情节的短剧，完全无视英雄人物的崇高精神和历史贡献，严重损害了英雄形象和红色文化的严肃性。这种不良信息的传播，极易误导涉世未深的大学生，使他们对红色文化的内涵和价值产生误解，模糊了对英雄人物的正确认知和敬仰之情。

从信息观点的多元性角度分析，互联网上不同观点和立场的信息相互交织，形成了一个复杂的信息生态环境。大学生正处于价值观形成的关键时期，心理和认知尚未完全成熟，缺乏足够的信息辨别能力。在这种情况下，他们面对网络上纷繁复杂的信息，往往难以判断信息的真伪和优劣。一些别有用心的势力，利用网络平台的开放性和传播的便捷性，蓄意传播错误的历史观，否定红色文化的历史真实性和重要意义。例如，

宣扬历史虚无主义观点，质疑革命历史事件的发生，如对南京大屠杀的遇难人数进行歪曲解读，试图抹去这段惨痛的历史；对革命先辈的贡献进行诋毁，质疑他们的革命动机。这些错误观点和信息，在网络上经过精心包装和传播，容易使大学生陷入困惑和迷茫，动摇他们对红色文化的信仰根基，难以形成对红色文化的正确认知。

从信息认知理论的视角深入剖析，过多的干扰信息会显著增加学生的认知负荷。当学生在网络上搜索红色文化相关信息时，大量无关、虚假和错误的信息充斥其中，他们需要花费大量的时间和精力进行筛选和判断。在这个过程中，学生容易出现信息过载的情况，导致注意力分散，难以聚焦于红色文化的核心内容，从而影响对红色文化核心价值和精神内涵的理解和吸收。例如，学生在查找关于长征精神的资料时，可能会被大量娱乐化、歪曲化的长征相关信息所干扰，无法快速准确地获取到真实、权威的历史资料和深入解读，进而阻碍了对长征精神的正确理解和领悟。这种信息繁杂的现状，对红色文化在大学生思想政治教育中的有效传播构成了巨大障碍，迫切需要教育者采取有效措施，引导学生提升信息辨别能力，增强对不良信息的免疫力，避免受到误导。

（二）技术依赖风险，影响教育深度与质量

数字技术在红色文化思想政治教育中的广泛应用，无疑为教育带来了诸多便利和创新。然而，在享受技术带来的红利时，我们也必须警惕技术依赖风险对教育深度与质量所产生的潜在负面影响。在教学实践中，部分教师过度依赖多媒体、在线教学平台等数字技术手段，逐渐偏离了教育的本质目标与学生的实际需求。

在课堂教学场景中，一些教师过度聚焦于多媒体课件的展示。一堂课的大部分时间被用于播放精心制作的视频、展示大量的图片，而对红色文化知识本身的讲解与深度分析却被边缘化。例如，在讲解红色文化所蕴含的精神内涵时，教师可能仅仅播放一段相关主题的视频，视频结束后未引导学生进行深入讨论与分析，便匆匆进入下一教学环节。这种

表面化的教学方式，使学生如同走马观花般被动接受信息，缺乏对知识的深入思考与理解。红色文化的精神内涵，如长征精神中蕴含的坚韧不拔、团结协作、为理想信念英勇奋斗等深刻价值观念，并非能通过简单观看视频就能深刻领会，而是需要教师引导学生深入剖析历史事件背后的逻辑、人物行为的动机以及精神传承的意义。缺乏深度讲解与引导，学生很难真正把握红色文化所承载的价值观念和精神力量，对知识的理解仅停留在浅层次的感官认知上。

此外，在线教学平台虽为教育提供了便捷的途径，但也存在诸多稳定性和技术故障问题，严重影响教育质量。在网络授课过程中，网络卡顿、掉线等情况时有发生。想象一下，在一堂正在深入讲解红色文化经典战役的在线课程中，突然出现网络卡顿，视频画面定格，声音中断，教师与学生之间的互动被迫停滞。这种中断不仅打乱了教学节奏，还可能使学生的学习思路被打断，难以保持对知识的连贯性理解。而且，部分在线学习平台在功能设计上存在缺陷，缺乏有效的互动机制和学习监督机制。学生在学习过程中，面对缺乏互动的屏幕，容易产生孤独感和注意力不集中的问题。同时，由于缺乏监督机制，部分学生可能出现拖延学习进度、不认真完成作业等情况，导致学习效果大打折扣。从教育质量评估理论来看，教育深度和质量的达成，不仅依赖于教学手段的先进性，更关键的是教师对教学内容的精准把握、对学生学习过程的有效引导以及教学目标的切实达成。过度依赖数字技术，而忽视教育教学过程中的核心环节，如知识的深度讲解、师生间的有效互动、学习效果的监督与反馈等，会使红色文化思想政治教育流于形式，无法实现预期的教育目标，进而严重影响学生对红色文化的深度理解以及思想政治素养的有效提升。

（三）数字鸿沟问题，制约教育公平实现

数字时代的到来，在带来信息传播便捷性的同时，也衍生出了数字鸿沟问题，这对红色文化思想政治教育在大学生群体中的公平推进造成

了严重阻碍。数字鸿沟主要体现在不同地区、不同家庭经济背景的大学生在数字技术获取和使用能力方面存在显著差异。

在经济发达地区以及家庭条件优越的学生，他们拥有得天独厚的数字资源获取优势。高性能的电脑、功能齐全的平板电脑成为他们日常学习的标配，且能够接入高速稳定的网络环境。凭借这些硬件条件，他们能够轻松自如地利用丰富的数字资源开展红色文化学习活动。他们可以无障碍地访问国内外知名的红色文化学习网站，这些网站汇聚了大量珍贵的历史文献、权威的学术研究成果以及生动的多媒体资料。例如，通过访问专业的党史研究网站，他们能够获取到关于中国共产党早期组织创建过程中鲜为人知的细节资料，深入了解党的初创艰辛与伟大理想。同时，他们还能够积极参与各类线上学术讲座和交流活动，与来自全国各地乃至全球的专家学者、红色文化爱好者进行互动交流，拓宽自身的学术视野和思维边界。

然而，经济欠发达地区或家庭经济困难的学生则面临着数字资源匮乏的困境。他们可能由于经济原因，无法拥有先进的数字设备，甚至连基本的网络接入都存在困难。在一些偏远山区，网络覆盖不完善，信号不稳定，即使有学习的意愿，也难以顺畅地访问在线学习资源。部分学生可能只能依靠老旧、性能较差的手机进行学习，这不仅限制了他们获取信息的速度和质量，也难以满足复杂学习任务的需求。即使存在一些免费的在线红色文化学习资源，由于设备和网络的双重限制，他们也无法充分利用这些资源参与学习活动。这种数字鸿沟的存在，使得不同学生在接受红色文化思想政治教育的机会和质量上出现了巨大差距，严重违背了教育公平的核心理念。从教育公平理论来看，每一位学生，无论其地域、家庭背景如何，都应享有平等接受教育的权利和机会。数字鸿沟的存在，如同在学生之间筑起了一道无形的屏障，阻碍了红色文化思想政治教育在大学生群体中的公平实施。为了确保所有学生都能平等地享受数字时代红色文化教育的资源和成果，社会各界需要共同努力，采取一系列切实有效的措施，如加大对欠发达地区网络基础设施建设的投入、为经济困难学生提供数字设备资助等，以缩小数字鸿沟，推动教育公平的实现。

（四）文化多元冲击，削弱红色文化影响力

在数字时代，全球化进程以前所未有的速度推进，多元文化借助互联网的强大传播力迅速在全球范围内扩散，这对红色文化在大学生思想政治教育中的主导地位和影响力构成了强烈冲击。互联网打破了传统的文化传播地域壁垒，各种西方文化思潮、价值观以及流行文化如潮水般涌入国内，与本土红色文化形成激烈碰撞。

西方一些不良文化思潮，如个人主义、拜金主义、享乐主义等，通过网络影视作品、社交媒体、网络游戏等多种渠道渗透到大学生的日常生活中。在一些西方影视作品里，常常宣扬个人英雄主义，将个人利益置于至高无上的地位，强调个人的自由和欲望满足，与红色文化所倡导的集体主义、奉献精神形成鲜明反差。例如，某些好莱坞大片中，主角往往凭借个人超凡能力拯救世界，个人荣耀成为核心追求，而集体协作和为社会奉献的价值观被淡化。部分大学生在频繁接触这类作品后，受到潜移默化的影响，对红色文化所秉持的集体主义价值观产生怀疑，甚至动摇了对奉献精神的坚守。

与此同时，流行文化在数字时代凭借其强大的娱乐性和商业推广，迅速在大学生群体中蔓延，吸引了他们大量的注意力。社交媒体上，明星八卦、网红文化等娱乐化、商业化的流行文化元素长期占据热门话题榜单，热度居高不下。大学生们在浏览社交媒体时，往往会被这些极具吸引力的流行文化内容所吸引，花费大量时间和精力关注。相比之下，红色文化的传播形式相对较为严肃、正统，在传播过程中更注重历史事实和精神内涵的传递，在娱乐性和话题热度上难以与流行文化相抗衡。这导致部分大学生对红色文化的关注度逐渐下降，在文化选择上更加倾向于流行文化。从文化传播与认同理论来看，多元文化的强烈冲击使得大学生在文化选择的十字路口陷入迷茫，红色文化在与其他文化的激烈竞争中，面临着被边缘化的风险。红色文化原本在思想政治教育中对大学生价值观塑造和精神引领的核心影响力被逐渐削弱。如何在多元文化交织的复杂环境中，增强红色文化的吸引力和影响力，使其在大学生思想政治教育中重新占据主导地位，成为数字时代红色文化赋能大学生思想政治教育亟待解决的重要挑战。这需要教育者创新红色文化的传播方式，使其更贴近大学生的兴趣和生活，同时加强对大学生的文化引导，提升他们对红色文化的认同感和文化自信。

第三节　数字时代红色文化赋能大学生思想政治教育的实践路径

一、优化红色文化课程体系建设

（一）整合数字资源融入课程内容

在数字时代，红色文化资源以海量、多元的形态存在于网络空间。整合这些丰富的数字资源并将其有机融入课程内容，是优化红色文化课程体系的关键一步。传统的红色文化课程内容往往局限于教材中的既定知识，难以满足学生对红色文化深度和广度的探索需求。如今，借助数字技术，教师能够获取到涵盖历史影像、珍贵档案、学术研究成果等多类型的红色文化资源。

例如，在党史课程中，教师可以引入中国共产党早期组织创建过程中的珍贵历史影像资料。这些影像通过数字化修复和整理，生动呈现了革命先辈们在艰苦环境下为建立党组织所付出的努力，从秘密集会的场景到宣传进步思想的画面，让学生仿佛置身于那个风云激荡的年代。同时，结合在线数据库中的相关档案文件，如早期党组织的会议记录、党员之间的通信等，学生能够深入了解党的初创理念和组织架构形成过程。此外，学术研究成果数据库提供了大量关于党史研究的前沿论文，教师可以选取具有代表性的研究观点融入教学，引导学生从不同学术视角思考党史发展的内在逻辑，拓宽学生的学术视野，使课程内容从单一的知识传授转变为多维度的历史解读与思想启迪。

从课程设计理论来看，将数字资源融入课程内容，丰富了课程的知识载体，打破了传统教材的局限性。通过多样化的资源呈现，满足了不同学生的学习风格和兴趣偏好。视觉型学习者能够从历史影像中获取信息，逻辑型学习者则可以在档案文件和学术研究的分析中深化理解。这种多元资源的整合，构建了一个立体的课程内容体系，提升了红色文化课程的吸引力和教育效果。

（二）开发数字互动式课程模块

数字互动式课程模块的开发为红色文化课程注入了新的活力，改变了传统课程单向传授的模式，增强了学生的参与感和学习积极性。利用先进的数字技术，如虚拟现实（VR）、增强现实（AR）、在线互动平台等，设计具有互动性的课程环节。

以红色革命遗址参观学习为例，开发基于 VR 技术的课程模块。学生佩戴 VR 设备，即可身临其境地参观如井冈山革命根据地、遵义会议会址等重要革命遗址。在虚拟环境中，学生能够 360 度全方位观察遗址的建筑风貌、内部陈列，还能通过点击热点获取详细的历史介绍和相关故事。这种沉浸式体验使学生仿佛穿越时空，与历史近距离接触，极大地增强了学习的趣味性和吸引力。

在线互动平台则为学生提供了交流讨论的空间。在课程学习过程中，教师可以设置互动话题，如“红色文化在当代社会的价值体现”，学生通过在线平台发表自己的观点，与同学和教师进行实时交流。教师可以根据学生的讨论情况，及时给予反馈和引导，促进学生之间的思想碰撞，深化对红色文化的理解。从教育心理学的动机理论来看，互动式课程模块激发了学生的内在学习动机。学生在互动过程中，主动探索知识，积极表达自己的想法，对课程内容的关注度和投入度显著提高。这种互动模式不仅提升了学生对红色文化知识的掌握程度，还培养了学生的批判性思维和沟通能力，使红色文化课程从传统的知识灌输转变为互动式的学习体验。

（三）构建跨学科融合的红色文化课程

红色文化内涵丰富，涉及历史学、政治学、社会学、文化学等多个学科领域。构建跨学科融合的红色文化课程，能够从多学科视角深入解读红色文化，提升学生对红色文化的综合理解能力。在课程设置上，打破学科壁垒，整合不同学科的知识和方法。

例如，将历史学与社会学相结合，在研究红色文化的发展历程时，引入社会学的研究方法，分析社会结构、群体行为等因素对红色文化形成和传播的影响。通过研究革命时期不同社会阶层对红色文化的接受和参与情况，探讨红色文化如何在社会变迁中发挥凝聚人心、推动社会进步的作用。同时，融入政治学理论，解读红色文化所蕴含的政治理念和价值追求，以及在国家治理、政权建设中的重要意义。从文化学角度，分析红色文化的符号体系、文化传承机制等内容。

跨学科融合的红色文化课程模式，为学生提供了更广阔的思维空间。从不同学科视角审视红色文化，使学生能够全面、深入地理解红色文化的内涵和价值。这种课程模式符合现代教育对学生综合素养培养的要求，通过多学科知识的交叉融合，培养学生的综合分析能力和创新思维，使学生在学习红色文化的过程中，提升自身的跨学科素养，更好地适应复杂多变的社会环境。从课程论的发展趋势来看，跨学科融合课程打破了传统学科课程的封闭性，促进了知识的整合与创新，为红色文化课程的发展开辟了新的路径，增强了红色文化教育的实效性和时代性。

二、创新红色文化校园活动形式

（一）举办数字红色文化主题展览

在校园内举办数字红色文化主题展览，利用数字技术打造沉浸式、互动式的展览体验，是传播红色文化的有效方式。传统的校园展览多以静态展板和实物展示为主，形式较为单一，难以充分展现红色文化的丰富内涵。数字技术的应用为展览带来了全新的活力。

通过搭建数字化展览平台，运用3D建模、多媒体展示等技术，将红色文化相关的历史场景、文物、故事等以生动形象的方式呈现出来。例如，在“长征主题数字展览”中，利用3D建模技术重现长征途中的重要战役场景，如飞夺泸定桥。学生通过电子显示屏，能够全方位观察泸定桥的地形地貌、红军战士的进攻路线以及激烈的战斗场面，配合音效和解说，仿佛置身于硝烟弥漫的战场。展览中还可以设置互动环节，学生通过触摸屏幕，能够深入了解长征途中的具体历史事件、人物事迹，查看相关的历史档案和研究资料。这种数字化展览形式，突破了传统展览空间和时间的限制，使学生能够更深入、全面地了解红色文化。

从文化传播理论来看，数字红色文化主题展览利用数字技术的优势，创造了一个高度参与性的文化传播环境。学生不再是被动的参观者，而是通过互动体验主动探索红色文化的内涵。展览中的多媒体展示和互动环节，满足了学生对信息多元化的需求，提高了红色文化在校园内的传播效果。同时，数字化展览可以长期在线保存，学生可以随时访问，持续学习红色文化知识，增强了红色文化在校园文化建设中的影响力和渗透力。

（二）开展红色文化数字创意竞赛

开展红色文化数字创意竞赛，鼓励学生运用数字技术进行红色文化的创意表达，能够激发学生的创新能力和对红色文化的兴趣。在竞赛中，学生可以发挥自己的专业特长，运用数字媒体技术、艺术设计、计算机编程等知识，创作与红色文化相关的数字作品。

例如，数字媒体专业的学生可以制作红色文化主题的微电影、动画短片，通过精彩的剧情和精美的画面，展现红色文化的魅力。艺术设计专业的学生可以设计红色文化主题的海报、插画、文创产品，将红色文化元素与现代设计理念相结合，赋予红色文化新的视觉形象。计算机编程专业的学生可以开发红色文化主题的互动游戏、App，通过创新的交互方式，让用户在娱乐中学习红色文化知识。

从教育实践理论来看，红色文化数字创意竞赛为学生提供了一个将理论知识与实践相结合的平台。学生在创作过程中，需要深入研究红色文化的内涵和价值，将其转化为具体的创意作品。这一过程不仅培养了学生的创新能力和实践能力，还加深了学生对红色文化的理解和认同。竞赛活动还能够在校园内营造浓厚的红色文化氛围，吸引更多学生关注红色文化，激发学生传承和弘扬红色文化的责任感和使命感。通过对优秀作品的展示和推广，进一步扩大红色文化在校园内外的影响力，推动红色文化的创新发展。

（三）利用社交媒体开展红色文化线上活动

社交媒体在大学生日常生活中占据重要地位，利用社交媒体开展红色文化线上活动，能够有效扩大红色文化的传播范围，增强与学生的互动交流。高校可以在微信、微博、抖音等社交媒体平台上开设官方账号，发布红色文化相关的内容，如红色故事、党史知识、红色文化活动资讯等。

例如，在微信公众号上推出“每日一红史”栏目，每天发布一则简短的红色历史故事，以生动的语言和图文并茂的形式呈现，吸引学生阅读。在微博上发起红色文化话题讨论，如“我心中的红色英雄”，鼓励学生分享自己对红色英雄人物的认识和感悟，通过话题互动，引发学生对红色文化的深入思考。在抖音平台上则可以发布红色文化主题的短视频，以新颖的创意和生动的表现形式，吸引学生的关注和点赞。

从传播学的媒介理论来看，社交媒体具有传播速度快、覆盖面广、互动性强的特点。利用社交媒体开展红色文化线上活动，能够充分发挥这些优势，将红色文化信息迅速传递给广大学生。线上活动的互动性使学生能够积极参与到红色文化的传播过程中，他们可以通过评论、转发等方式分享自己的观点和感受，形成良好的传播效果。同时，社交媒体平台的数据分析功能还能够帮助高校了解学生对红色文化的兴趣点和需求，为进一步优化红色文化传播策略提供依据，提高红色文化教育的针对性和实效性。

三、加强红色文化网络平台建设

（一）打造高校专属红色文化学习平台

打造高校专属红色文化学习平台，为学生提供一个集中、系统的红色文化学习空间，是数字时代红色文化教育的重要举措。该平台应整合各类优质红色文化资源，包括课程视频、电子书籍、历史资料、学术论文等，形成一个丰富的资源库。

平台的界面设计应简洁明了，便于学生操作。在功能设置上，要注重互动性和个性化服务。例如，设置在线学习社区，学生可以在社区内交流学习心得、提问答疑，教师也可以参与其中，进行学习指导。引入智能推荐系统，根据学生的学习历史和兴趣偏好，为学生推送个性化的学习资源。对于关注红色军事历史的学生，平台可以推荐相关的战役分析课程、历史纪录片等；对于对红色文化艺术感兴趣的学生，则推送红色主题的艺术作品赏析、文化讲座等内容。

从教育信息化理论来看，高校专属红色文化学习平台的建设，为学生提供了一个自主学习、个性化学习的环境。平台丰富的资源满足了学生多样化的学习需求，互动功能促进了学生之间以及师生之间的交流合作，智能推荐系统提高了学习资源的利用效率。通过该平台，学生能够更便捷地获取红色文化知识，深入学习红色文化内涵，提升自身的思想政治素养。同时，平台的建设也有助于高校对红色文化教育进行统一管理和规划，提升红色文化教育的整体水平。

（二）与主流网络平台合作传播红色文化

与主流网络平台合作，借助其强大的传播力和广泛的用户基础，能够进一步扩大红色文化的影响力。主流网络平台如腾讯、阿里巴巴、百度等，拥有庞大的用户群体和先进的技术资源。高校和相关教育部门可以与这些平台合作，开展红色文化传播项目。

例如，与视频平台合作制作红色文化主题的网络纪录片、综艺节目。通过专业团队的策划和制作，以生动有趣的形式展现红色文化的魅力。这些作品在视频平台上播出，能够吸引大量用户观看，尤其是年轻一代的受众。与社交媒体平台合作开展红色文化话题活动，借助平台的话题推广机制，将红色文化话题推向热门榜单，引发广泛讨论。与搜索引擎平台合作，优化红色文化相关内容的搜索排名，当用户搜索相关关键词时，能够优先展示权威、优质的红色文化信息。

从传播效果理论来看，与主流网络平台合作能够实现资源共享和优势互补。主流网络平台的技术优势和传播渠道，与高校和教育部门的专业知识和内容创作能力相结合，能够打造出具有广泛影响力的红色文化传播产品。这种合作模式突破了高校自身传播范围的限制，将红色文化推向更广阔的社会空间，提高了红色文化在全社会的认知度和认同感，为红色文化的传承和发展营造了良好的社会氛围。

（三）培养红色文化网络意见领袖

培养红色文化网络意见领袖，发挥其在网络空间中的引领作用，是加强红色文化网络传播的有效策略。网络意见领袖在网络社区中具有较高的影响力和话语权，他们的观点和言论能够引导其他用户的关注和思考。高校可以选拔和培养一批对红色文化有深入研究、具有良好网络表达能力的师生作为红色文化网络意见领袖。

这些意见领袖可以在各类网络平台上，如微博、知乎、B 站等，发布高质量的红色文化相关内容。他们可以撰写深度解读红色文化内涵的文章，制作生动有趣的红色文化科普视频，参与网络话题讨论，积极传播正确的红色文化价值观。例如，在微博上针对一些关于红色文化的争议话题，红色文化网络意见领袖可以运用专业知识进行客观分析，引导网友正确认识红色文化，避免受到错误观点的影响。在 B 站上，通过制作符合年轻用户喜好的红色文化主题视频，如以动漫形式讲述党史故事，吸引年轻用户关注红色文化，激发他们对红色文化的兴趣。

从网络传播理论来看，红色文化网络意见领袖的存在，能够在网络空间中形成一个积极传播红色文化的核心力量。他们的言行能够吸引其他用户的关注和参与，带动更多人了解和认同红色文化。通过与其他用户的互动交流，意见领袖能够及时了解网络舆论动态，针对用户的疑问和困惑进行解答，有效地引导网络舆论方向，营造健康、积极的红色文化网络传播环境，提升红色文化在网络空间中的传播效果。

四、提升教师数字素养与教育能力

（一）开展数字技术应用培训

为了使教师能够更好地在教学中运用数字技术传播红色文化，开展数字技术应用培训至关重要。培训内容应涵盖多媒体课件制作、在线教学平台使用、数字资源整合与利用等方面。

在多媒体课件制作培训中，教师学习如何运用图像编辑软件、视频剪辑软件等工具，将文字、图像、音频、视频等元素有机融合，制作出生动形象的课件。例如，教师学会使用 Photoshop 进行图片处理，调整红色文化相关历史图片的色彩、对比度，使其更清晰地展示历史细节；运用 Premiere 进行视频剪辑，将红色文化纪录片片段进行剪辑组合，加入解说和字幕，制作出符合教学需求的教学视频。

在线教学平台使用培训则让教师熟悉各类在线教学平台的功能和操作方法。教师掌握如何在平台上创建课程、发布教学资料、组织在线讨论、进行作业批改和考试测评等。例如，熟练使用超星学习通、雨课堂等平台，利用其直播功能进行红色文化课程的线上教学，通过平台的互动功能与学生进行实时交流，及时了解学生的学习情况。

数字资源整合与利用培训帮助教师学会从海量的网络资源中筛选、整合优质的红色文化资源，并将其融入教学。教师学习如何利用学术数据库查找红色文化相关的研究论文，如何在网络图书馆中获取红色文化电子书籍，以及如何从各类红色文化网站中收集历史资料和图片等。通过这些培训，教师提升了数字技术应用能力，能够将数字技术更好地应用于红色文化教学中，提高教学质量和效果。

（二）加强红色文化教育教学方法创新培训

除了数字技术应用培训，加强红色文化教育教学方法创新培训也是提升教师教育能力的关键。培训中，教师学习运用案例教学法、项目式学习法、探究式学习法等创新教学方法开展红色文化教学。

案例教学法中，教师选取具有代表性的红色文化案例，如“沂蒙精神”案例，通过对沂蒙地区人民在革命战争时期积极支前、无私奉献的具体事例进行深入分析，引导学生理解红色文化所蕴含的精神内涵。在项目式学习法培训中，教师学会设计红色文化主题项目，如让学生以小组为单位，开展“红色文化在本地的传承与发展”调研项目。学生通过实地调研、资料收集、数据分析等过程，深入了解本地红色文化资源，并提出传承和发展的建议。教师在项目实施过程中进行指导，培养学生的实践能力和团队协作能力。

探究式学习法培训使教师掌握如何引导学生自主探究红色文化问题。例如，在教学中提出“红色文化对当代社会价值观的影响”这一探究问题，教师引导学生通过查阅资料、小组讨论、实地访谈等方式进行探究，培养学生的批判性思维和创新能力。通过这些教学方法创新培训，教师能够改变传统单一的教学方式，采用更符合学生学习特点和需求的教学方法，激发学生学习红色文化的兴趣和积极性，提升红色文化教育的实效性。

（三）建立教师数字教学交流与反馈机制

建立教师数字教学交流与反馈机制，促进教师之间的经验分享和教学改进。高校可以搭建教师数字教学交流平台，如在线论坛、教师工作坊等，为教师提供交流数字教学经验的空间。

在交流平台上，教师分享自己在红色文化数字教学中的成功案例和经验教训。例如，一位教师分享如何利用虚拟现实技术开展红色文化实践教学，通过创建虚拟革命场景，让学生身临其境地感受历史，取得了良好的教学效果。其他教师可以从中学习借鉴，结合自身教学实际进行应用。同时，教师也可以在平台上提出教学中遇到的问题和困惑，例如，如何提高学生在在线学习中的参与度，如何更好地整合数字资源等，通过与其他教师的交流讨论，寻求解决方案。

反馈机制方面，高校通过学生评价、同行评价、教学督导评价等方式，收集对教师数字教学的反馈意见。学生评价主要针对教师的教学内容、教学方法、教学互动等方面进行评价，同行评价侧重于对教师数字教学的创新性、专业性以及教学效果进行评估，教学督导评价则从教学规范、教学目标达成等宏观层面给出反馈。教师根据这些多渠道的反馈意见，反思自己的教学过程，总结经验与不足，进而调整教学策略和方法。例如，若学生反馈在线课程中互动环节较少，教师可增加在线讨论、小组项目等互动形式；若同行评价指出教学中数字资源运用不够恰当，教师则可加强对数字资源的筛选与整合能力。

这种交流与反馈机制为教师提供了持续学习与改进的动力。从教育管理理论来看，教师之间的交流能够促进知识共享与专业成长，不同教师在教学实践中积累的经验和智慧通过交流平台得以传播和应用，提升了教师群体整体的数字教学水平。而多维度的反馈机制有助于教师及时发现教学中的问题，针对性地进行改进，不断优化红色文化教学过程，提高教学质量。通过持续的交流与反馈，教师能够更好地适应数字时代对红色文化教育的要求，为学生提供更优质、高效的红色文化教育服务，切实增强红色文化在大学生思想政治教育中的赋能效果。

第四节　高校教师在红色文化传播中的作用

一、高校教师对红色文化的理解与传播能力

高校教师对红色文化的理解与传播能力在当代教育体系中至关重要。教师不仅是知识的传播者，更是思想政治教育的中坚力量。因此，教师对红色文化的理解程度直接影响着红色文化在教育中的传承和推广。要提升教师对红色文化的理解，首先需要在思想上对红色文化的本质和价值有深刻认识。红色文化不仅仅是历史的反映，更是承载着民族精神和价值观的重要载体。它涵盖了国家独立、社会进步、民族解放等深层次内容，具有丰富的历史内涵与思想体系。这些思想的传递依赖于教师对红色文化内在意义的全面把握。

教师在课堂中的传播不仅局限于知识的传授，还体现在教学的情境设置和教育目标的确立。将红色文化融入教学，需要教师具备深厚的思想政治素养，以及对历史、文化和社会现象的综合认知能力。教育不仅是传递事实性的历史信息，更是引导学生从思想和价值观的层面去理解历史。在这个过程中，教师不仅要传达出红色文化的历史意义，还要帮助学生从中汲取精神力量，形成对国家、民族的责任感与历史使命感。这一过程要求教师不断通过学习和研究，深化对红色文化各个层面的认知，进而能够在教学中娴熟地运用各种教学手段和方法，使红色文化的思想内核潜移默化地融入到学生的日常学习生活中。

在课堂之外，教师还承担着日常教学中的思想政治教育责任。教师的思想素养和行为举止在潜移默化中对学生产生深远影响。通过日常与

学生的交流、互动，教师可以将红色文化的思想要素自然地融入到学生的思维模式中。教师不仅需要在学术上深入研究红色文化，还要在生活中通过实际行动展现对红色文化的认同和践行。高校教师的思想政治素养提升应被纳入长期的专业发展规划中。通过定期的学习和研讨会，教师可以进一步提升对红色文化的理解，并通过集体学习与反思，找到更加有效的教学策略。同时，学校也应建立教师思想政治教育的培训体系，从政策层面保障教师的学习需求，确保教师能够持续进行自我提升。

为了提升红色文化的传播能力，教师应不断创新教学方法。传统的教学方式往往以灌输为主，而面对当代学生，特别是在高校阶段，学生更需要能够激发自主思考和探讨的教学模式。教师可以结合现代化的教学工具和手段，通过互动式教学、讨论和实践活动等方式，将红色文化的核心思想与学生的生活实际相结合，使学生更好地理解和认同红色文化的价值观念。在这一过程中，教师需要灵活运用不同的教学资源，包括多媒体资料、历史文献、文化作品等，让学生通过多样化的学习方式体验和感知红色文化的魅力，从而增强文化认同感。

教师的传播能力不仅体现在对教学内容的掌控上，还体现在与学生的互动中。教师与学生之间的信任和交流是红色文化教育成功的关键。教师需要通过不断的沟通和互动，了解学生的思想状态和文化背景，针对性地调整教学内容和方式，帮助学生在学习过程中找到自己的文化定位。教师与学生之间的良好关系不仅能够促进红色文化的传播，还能让学生在接受思想政治教育的同时，感受到教师的关怀和引导，激发他们对红色文化的兴趣和认同感。

高校教师对红色文化的理解和传播不仅是一项教学任务，更是一种文化责任。通过不断学习与自我提升，教师能够逐步成为红色文化的坚定捍卫者和有效传播者。在这个过程中，教师不仅仅是在传授历史知识，更是在引导学生建立正确的历史观、价值观和世界观。通过课堂教学与日常生活的结合，红色文化能够在学生中得到更广泛的传播和认同，而教师在这一过程中所扮演的角色则显得尤为重要。

二、教师在红色文化传播中的教学方法创新

在红色文化传播的过程中，教师的教学方法创新显得尤为重要。面对当前快速发展的社会环境和学生的需求变化，传统的教学方式已经不足以充分调动学生的学习兴趣和主动性，因此教师必须不断探索新的教学方法，以更好地传递红色文化的精神与内涵。

教学创新的核心在于如何将红色文化的内容与现代教学模式相结合。通过灵活运用现代教学技术和方式，教师可以将红色文化的传播变得更加生动有趣，使其不再是单一的历史陈述或理论灌输，而是通过多维度、多感官的体验，帮助学生更好地理解和内化这些文化元素。创新教学的一个关键点在于打破传统教学中灌输式的教育模式，注重学生的参与感和互动性。通过引导学生主动探索、思考和讨论红色文化的历史意义和当代价值，教师可以有效地提升学生对相关内容的理解力与记忆力。

在这一过程中，教师不仅要考虑到学生的知识水平与理解能力，还要针对学生的兴趣点设计教学活动，使他们能够在学习中感受到红色文化的魅力和力量。通过改变课堂教学的结构，将红色文化的传播融入更多互动式、体验式的环节中，学生可以通过身临其境的方式深刻体验到历史的厚重感和精神的传承意义。教师在设计教学活动时，还可以借助现代化的教学工具和平台，使红色文化的教学更加灵活、方便，同时增强学生的参与度和积极性。

情境教学是创新教学方法的重要组成部分，教师可以通过营造特定的历史情境，将学生带入当时的社会环境，使他们更直观地感受到红色文化中蕴含的精神力量。通过构建这些情境，学生可以更好地理解红色文化中个体和集体的奋斗故事，从而在心灵上产生共鸣。此外，这种情境化的教学方式还能激发学生的想象力和创造力，使他们在课堂之外也

能够持续关注和思考这些文化元素。

教学方法的创新还需要充分考虑到不同学生的学习需求与个体差异。在传播红色文化的过程中，教师应尽可能地根据学生的兴趣点和理解能力，采取差异化的教学手段。通过案例教学法，教师可以选择适合的红色历史故事或人物事件，让学生在分析和讨论的过程中更深入地理解红色文化的核心价值观。通过这种方式，学生能够从具体的事例中汲取力量，同时也能够在分析过程中培养批判性思维和综合分析能力。案例教学法不仅能够帮助学生更好地掌握理论知识，还能通过情境分析的方式增强他们解决实际问题的能力。

教师在创新教学方法时，也需要注重学生的情感投入与精神共鸣。红色文化作为一种深具历史厚重感的文化形式，其传播效果不仅依赖于知识的传递，还需要通过情感上的共鸣与认同来实现。因此，教师在设计教学活动时，应当注重培养学生的情感体验，使其能够在学习过程中形成对红色文化的深层次理解与情感认同。通过这种方式，红色文化的传播不仅局限于知识的传递，更能够深入学生的心灵，从而对其价值观、世界观的形成产生深远的影响。而且在红色文化的传播过程中，教师还可以充分利用跨学科的教学方式，将红色文化与其他学科知识有机结合，使学生能够从多个角度审视和理解红色文化的内涵。通过跨学科的教学创新，教师可以将红色文化的精神力量与学生所学的其他知识联系起来，使他们能够在广泛的知识背景中更好地领会红色文化的价值和意义。这种方式不仅能够丰富学生的知识体系，还能够帮助他们从更全面的视角理解红色文化的当代价值。

红色文化的传播不仅仅是内容的传递，更是教学方式的全面革新与提升。通过不断创新教学方法，教师不仅能够增强学生的学习效果，还能够使红色文化的精神与内涵得以更好地传播与延续。在这一过程中，教师的教学智慧与创造力将发挥关键作用，通过灵活运用现代教学工具与方法，红色文化的教学将更加深入人心，成为塑造学生精神世界的重要力量。

三、教师在校园文化活动中的红色文化引领作用

在校园文化活动中，教师作为思想的传播者与引导者，承担着重要的责任，尤其是在传播红色文化方面。高校的教师不仅是知识的传授者，也是价值观的塑造者，他们的言行直接影响着学生的思想发展。通过与学生的互动，教师能够有效地传播红色文化思想，将这些思想渗透进校园的各类文化活动中。教师的红色文化引领作用在于，他们不仅通过课堂教学传递相关理念，更重要的是在课外活动中激发学生对红色文化的兴趣和认同。

在校园文化活动中，教师的引领作用首先体现在他们对活动的参与和组织能力上。他们通过设计具有思想性和教育意义的活动，激发学生的自主参与，使学生在活动中感受和理解红色文化的内涵。这种互动形式不仅是知识的传递，更是一种情感和价值观的共鸣。教师能够通过活动内容的安排，将红色文化的精神价值与当代学生的现实生活相结合，使其在活动中得以传承和弘扬。

教师在校园文化活动中的引领作用也体现在他们的指导和示范作用上。他们通过言行举止展示对红色文化的深刻理解和认同，影响着学生的思想和行为。在活动过程中，教师通过与学生的深入交流和互动，使红色文化不仅仅停留在理论层面，而是通过实践活动让学生真正理解其精神内核。红色文化的核心价值，如爱国主义、集体主义和奋斗精神，通过教师的言传身教在学生中得到具体的体现。

教师还在活动的策划和实施过程中，发挥了桥梁作用。他们不仅仅是活动的引领者，还需要在学生与红色文化之间搭建起沟通的桥梁。通过灵活运用多种形式的文化活动，教师能够帮助学生更好地理解红色文化的深刻内涵，并将其融入日常生活。在这些活动中，教师能够创造机会，让学生不仅是被动的接受者，更是主动的参与者，通过亲身体验加

深对红色文化的认同与理解。此外，教师的引领作用还体现在他们的思想启发上。通过文化活动，教师能够引导学生进行更深层次的思考，将红色文化的精神与时代发展的要求结合起来。在这个过程中，教师能够帮助学生树立正确的历史观、价值观和世界观，使红色文化成为学生思想体系中的重要组成部分。通过这种方式，教师不仅仅是在传播知识，更是在培养具有高度责任感和使命感的年轻一代。

在红色文化的传播中，教师与学生的互动是双向的。教师通过文化活动引导学生深入了解红色文化，而学生的反馈和参与也在不断丰富和深化教师的教学内容和方式。通过这种良性的互动，校园文化活动成为了红色文化传播的有效平台。教师在其中扮演着关键的推动者角色，确保红色文化能够在代际之间得到传承和发展。

教师在校园文化活动中的红色文化引领作用是全方位的，既包括活动的策划和组织，也涉及思想的传递和价值观的引导。教师不仅是红色文化的传播者，更是学生思想成长的引路人。这种引领作用不仅促进了红色文化在校园内的弘扬，也为学生的全面发展奠定了坚实的思想基础。

参 考 文 献

[1] 张聪，顾博. 微文化下思政教育传承“红色基因”的创新路径[J]. 长江丛刊，2018（11）：210.

[2] 马翠凤，李秀. 红色文化融入思政教育的价值与路径[J]. 中学政治教学参考，2023（23）：I0009.

[3] 陈伟，张海生，陈道俊. 红色文化资源融入新时代思想政治教育的路径探索[J]. 求知导刊，2018（30）：81.

[4] 林赛，傅瑶，高妍. 红色文化融入思想政治教育的因由与路径[J]. 中学政治教学参考，2023（3）：79-81.

[5] 孙倩. 红色文化融入思政教育的路径思考[J]. 中学政治教学参考，2023（42）：I0010.

[6] 王丽媛，杨昕，张彦琼. 红色文化资源融入思政课的三重路径[J]. 中学政治教学参考，2022（9）：43-45.

[7] 韦家旭. 新媒体时代红色文化与思想政治教育的融合路径[J]. 中学政治教学参考，2021（18）：85.

[8] 王延光. 红色文化融入思想政治教育的途径[J]. 中学政治教学参考，2020（21）：31-33.

[9] 王宗红. 思政教育中渗透红色文化资源的路径[J]. 幸福家庭，2023（6）：184-186.

[10] 张牡丹. 红色文化融入高校思想政治教育中的路径探索[J]. 2024（3）：128-131.

[11] 崔秀娟，冯金钟. 新时代红色文化融入大学生思想政治教育的实践路径[J]. 当代教研论丛，2024，10（1）：107-111.

[12] 付艳. 高校红色文化资源融入思想政治教育的基本路径[J]. 连云港师范高等专科学校学报，2023，40（2）：76-79.

[13] 邓静，张鹏程. 红色文化融入高校思想政治教育的路径探索[J]. 科教导刊（电子版），2023：132-135.

[14] 杨欢. 新时代红色文化融入高校思想政治教育路径研究[D]. 成都：电子科技大学，2021.

[15] 刘兰香. 高校思想政治理论课教学中渗透红色文化的路径[J]. 智库时代，2019（49）：70-71.

[16] 孙佳苗. 红色文化在高中思想政治课第二课堂的应用研究[D]. 福州：福建师范大学，2019.

[17] 陈喜华，方圆妹，黄海宁. 红色文化融入课程思政的路径探索[J]. 传播与版权，2021（2）：122-124.

[18] 邵文婧. 红色文化融入高校思想政治教育路径研究[J]. 中国军转民，2023（4）：62-63.

[19] 邱淅闻. 新时代红色文化融入大学生思想政治教育的路径探析[J]. 科学咨询，2023（12）：26-28.

[20] 娄珩，钟秉谕. 红色文化在思政教育中的渗透路径[J]. 中学政治教学参考，2020（20）：83.

[21] 金双. 新时代红色文化融入大学生思想政治教育路径研究[J]. 成才之路，2024（16）：25-28.

[22] 周鑫鑫. 新媒体时代红色文化融入思政课教学的路径思考[J]. 新闻研究导刊，2024，15（1）：208-210.

[23] 刘亚国，刘晓茜. 红色文化融入高校思想政治教育的路径研究[J]. 高教学刊，2023，9（S01）：185-188.

[24] 王永莉. 地方红色文化融入思想政治教育的路径探究[J]. 试题与研究，2023（31）：37-39.

[25] 缪文武. 红色文化融入高校思想政治教育路径探析[J]. 时代报告，

2023（7）：78−80.

[26] 何惠娟. 红色文化融入思想政治教育的价值与实现路径[J]. 广东教育（高校思想教育探索），2022（4）：33−38.

[27] 张雪晴. 红色文化融入中学思想政治课的路径分析[J]. 大武汉，2022（18）：10−12.

[28] 杨璟. 红色文化融入思想政治教育的时代价值与路径选择[J]. 肇庆学院学报，2022，43（3）：119−122.

[29] 李转运. 红色文化融入思想政治教育的路径探析[J]. 现代商贸工业，2022（14）：125−126.

[30] 梁美霞. 红色文化在思政教育中的渗透路径[J]. 汉字文化，2021（23）：165−166.

[31] 金文斌，方伟，崔龙健. 红色文化融入高校思想政治理论课教学研究：以“中国近现代史纲要”课为例[M]. 芜湖：安徽师范大学出版社，2021.

[32] 江峰. 利用大别山红色口述文化资源加强大学生思想政治教育研究[M]. 北京：人民出版社，2021.